제일 먼저 시작하는

일본어**단**어장
뉴뉴

기초

씨앤톡
See&Talk

제일 먼저 시작하는

일본어 단어장
기초

초판 발행	2007년 09월 14일
초판 19쇄	2019년 02월 15일
저자	유은경·우치야마 마유미
발행인	이진곤
발행처	씨앤톡
등록일자	2003년 5월 22일
등록번호	제 313-2003-00192호
ISBN	978-89-6098-019-8 (03730)
주소	경기도 파주시 문발로 405 제2출판단지 씨앤톡 사옥 3층
홈페이지	www.seentalk.co.kr
전화	02-338-0092
팩스	02-338-0097

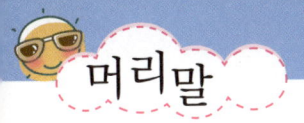

머리말

일본어는 우리말과 어순이 같고 유사한 구조를 많이 가진 언어입니다. 그래서인지 단어를 어떻게하면 많이 외울 수 있는지, 그리고 어떻게해야 오래 기억할 수 있을까를 항상 연구하고 생각하고 있던 중 단어장을 의뢰받아서 무척 반가웠습니다.

이 책은 일본어학습을 시작해 기초에서 중급까지의 레벨에서 꼭 알아야하는 기본 단어와 중요한 단어를 그림과 함께 수록하였고, 글자를 보면서 익힌 단어를 그림으로 다시 한번 확인하는 시스템으로 구성되어 있습니다.

또 한가지 다른 단어장과 다른 점이라면 "말해보기"란 코너를 통해서 익힌 단어를 바로 말해볼 수 있도록 회화 연습 코너가 있다는 점입니다. 한번 본 단어를 바로 기억해서 바로 말할 수 있는 비법을 이 책에서 공개한다고 해도 과언이 아닐 것입니다.

일본어를 잘하려면 단어는 무엇보다 중요한 요소라는 것을 학습자 여러분도 잘 알고 있을것입니다.

재미있게 오래 기억할 수 있도록 정성을 기울여 만든 이 책으로, 세계 속에 사는 한 사람으로서 언어의 장벽을 허물 수 있다는 자신감을 가지고 공부하신다면 멋진 결과가 있을 것입니다.

2007년 9월 저자

구성과 특징

일본어를 처음 시작하는 사람에서부터 중급자들까지 알아야할 기본 단어와 일상 생활에서 가장 많이 쓰이는 단어를 중심으로 14개의 주제로 나누어서 구성했습니다.

기초 학습자가 쉽게 시작할 수 있도록 모든 히라가나에 독음을 달았으며 모든 단어를 순서대로 한국어 일본어순으로 녹음한 mp3파일을 무료로 제공하므로, 단어 외우기부터 듣기, 발음, 받아쓰기까지 완벽하게 익힐 수 있게 하였습니다.

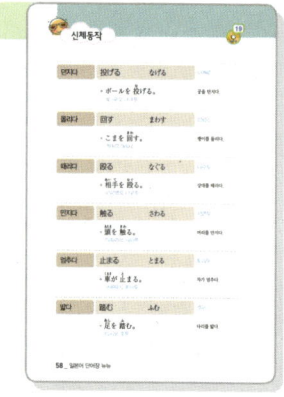

기본 단어편에서는 숫자, 시간, 날짜 등 기본으로 꼭 알아야 할 단어로 구성했으며, 주제별 어휘편에서는 연관성있는 주제에서 가장 많이 쓰이는 명사, 동사로 구성했습니다.

먼저 일본어로 익힌 단어를 그림으로 다시 한 번 확인학습하고 바로 회화 연습으로 이어지는 시스템의 학습법입니다.

각 주제마다 실력확인문제를 만들어 복습학습을 통한 완벽하게 단어를 마스터할 수 있게 하였습니다.

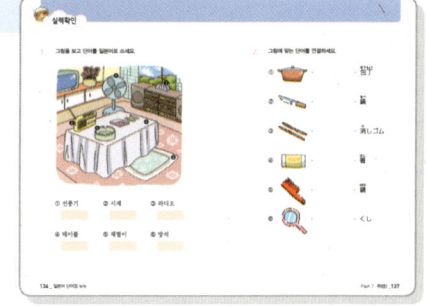

차례

차례

PART **1** 기본 단어

숫자

일	一	いち	이찌
이	二	に	니
삼	三	さん	산
사	四	し	시
오	五	ご	고
육	六	ろく	로꾸
칠	七	しち	시찌
팔	八	はち	하찌
구	九	きゅう	큐―
십	十	じゅう	쥬―
백	百	ひゃく	햐꾸
천	千	せん	센
만	万	まん	만
억	億	おく	오꾸

하나	一つ	ひとつ	히또쯔
둘	二つ	ふたつ	후따쯔
셋	三つ	みっつ	믿쯔
넷	四つ	よっつ	욛쯔
다섯	五つ	いつつ	이쯔쯔
여섯	六つ	むっつ	묻쯔
일곱	七つ	ななつ	나나쯔
여덟	八つ	やっつ	얃쯔
아홉	九つ	ここのつ	코꼬노쯔
열	十	とお	토ー
반	半分	はんぶん	함분
영점일	0.1	れいてんいち	레ー뗀이찌
이분의 일	1/2	にぶんのいち	니분노이찌

조수사

~개 ~個 🍎	~사람 ~人 	~병/자루 ~本 	~장 ~枚
いっこ	ひとり	いっぽん	いちまい
にこ	ふたり	にほん	にまい
さんこ	さんにん	さんぼん	さんまい
よんこ	よにん	よんほん	よんまい
ごこ	ごにん	ごほん	ごまい
ろっこ	ろくにん	ろっぽん	ろくまい
ななこ	しちにん	ななほん	ななまい
はっこ	はちにん	はっぽん	はちまい
きゅうこ	きゅうにん	きゅうほん	きゅうまい
じゅっこ	じゅうにん	じゅっぽん	じゅうまい
なんこ	なんにん	なんぼん	なんまい

| 마리 | 匹 | ひき | 히끼 |

- ありが 1匹 いる。
  아리가 입삐끼 이루

개미가 한 마리 있다.

| 권 | 冊 | さつ | 사쯔 |

- 本が 1冊 ある。
  홍가 잇싸쯔 아루

책이 한 권 있다.

| 잔 | 杯 | はい | 하이 |

- 水を 一杯 ください。
  미즈오 입빠이 쿠다사이

물을 한 잔 주세요.

| 층 | 階 | かい | 카이 |

- この 建物の 1階です。
  코노 타테모노노 익까이데스

이 건물의 일 층입니다.

| 번 | 番 | ばん | 반 |

- 1番 ホームに います。
  이찌방 호-무니 이마스

일번 홈에 있습니다.

| 대 | 台 | だい | 다이 |

- 車が 一台 あります。
  쿠루마가 이찌다이 아리마스

차가 한 대 있습니다.

시간

1시	1時	いちじ	이찌지	❶
2시	2時	にじ	니지	❷
3시	3時	さんじ	산지	❸
4시	4時	よじ	요지	❹
5시	5時	ごじ	고지	❺
6시	6時	ろくじ	로꾸지	❻
7시	7時	しちじ	시찌지	❼
8시	8時	はちじ	하찌지	❽
9시	9時	くじ	쿠지	❾
10시	10時	じゅうじ	쥬―지	❿
11시	11時	じゅういちじ	쥬―이찌지	⓫
12시	12時	じゅうにじ	쥬―니지	⓬
1시간반	1時間半	いちじかんはん	이찌지깐 한	
오전	午前	ごぜん	고젠	
오후	午後	ごご	고고	

※ 그림을 보고 일본어로 말해 보세요.

※위 시계 그림을 보고 말해 보세요.

A  今、何時ですか。 지금 몇 시입니까?
　 이마　 난 지 데 스 까
　 いま　 なんじ

B _____  です。 _____입니다.
　 데 스

말 해 보 기

일

1일	1日	ついたち	츠이따찌	❶
2일	2日	ふつか	후쯔까	❷
3일	3日	みっか	믹까	❸
4일	4日	よっか	욕까	❹
5일	5日	いつか	이쯔까	❺
6일	6日	むいか	무이까	❻
7일	7日	なのか	나노까	❼
8일	8日	ようか	요-까	❽
9일	9日	ここのか	코꼬노까	❾
10일	10日	とおか	토-까	❿
14일	14日	じゅうよっか	쥬-욕까	⓫
19일	19日	じゅうくにち	쥬-꾸니찌	⓬
20일	20日	はつか	하쯔까	⓭
24일	24日	にじゅうよっか	니쥬-욕까	⓮
29일	29日	にじゅうくにち	니쥬-꾸니찌	⓯

어제	昨日	きのう	키노―
오늘	今日	きょう	쿄―
내일	明日	あした/あす	아시따/아스
모레	あさって		아삳테

말해보기 ※ 그림을 보고 일본어로 말해 보세요.

日	月	火	水	木	金	土
①1	②2	③3	④4	⑤5	⑥6	⑦7
⑧8	⑨9	⑩10	11	12	13	⑪14
15	16	17	18	⑫19	⑬20	21
22	23	⑭24	25	26	27	28
⑮29	30	31				

요일

월요일	月曜日	げつようび	게쯔요-비	❶
화요일	火曜日	かようび	카요-비	❷
수요일	水曜日	すいようび	스이요-비	❸
목요일	木曜日	もくようび	모꾸요-비	❹
금요일	金曜日	きんようび	킨요-비	❺
토요일	土曜日	どようび	도요-비	❻
일요일	日曜日	にちようび	니찌요-비	❼
지난 주	先週	せんしゅう	센슈-	❽
이번 주	今週	こんしゅう	콘슈-	❾
다음 주	来週	らいしゅう	라이슈-	❿
다다음 주	再来週	さらいしゅう	사라이슈-	⓫
매주	毎週	まいしゅう	마이슈-	

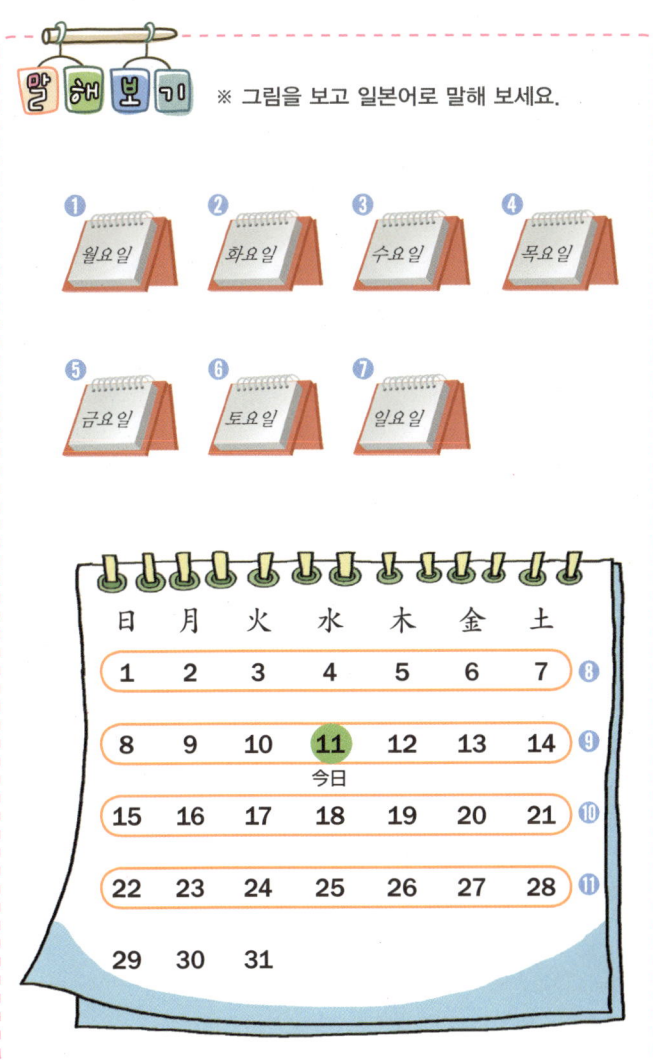

※ 그림을 보고 일본어로 말해 보세요.

❶ 월요일

❷ 화요일

❸ 수요일

❹ 목요일

❺ 금요일

❻ 토요일

❼ 일요일

日	月	火	水	木	金	土	
1	2	3	4	5	6	7	❽
8	9	10	11	12	13	14	❾
			今日				
15	16	17	18	19	20	21	❿
22	23	24	25	26	27	28	⓫
29	30	31					

1월	一月	いちがつ	이찌가쯔	❶
2월	二月	にがつ	니가쯔	❷
3월	三月	さんがつ	산가쯔	❸
4월	四月	しがつ	시가쯔	❹
5월	五月	ごがつ	고가쯔	❺
6월	六月	ろくがつ	로쿠가쯔	❻
7월	七月	しちがつ	시찌가쯔	❼
8월	八月	はちがつ	하찌가쯔	❽
9월	九月	くがつ	쿠가쯔	❾
10월	十月	じゅうがつ	쥬―가쯔	❿
11월	十一月	じゅういちがつ	쥬―이찌가 쯔	⓫
12월	十二月	じゅうにがつ	쥬―니가쯔	⓬

지난 달	先月	せんげつ	센게쯔
이번 달	今月	こんげつ	콘게쯔
다음 달	来月	らいげつ	라이게쯔
다다음 달	再来月	さらいげつ	사라이게쯔
매월	毎月	まいつき	마이쯔끼
월말	月末	げつまつ	게쯔마쯔
월초	月初	げっしょ	겟쇼

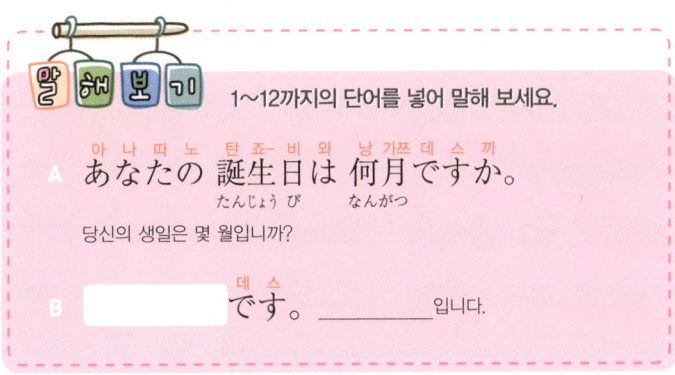

1~12까지의 단어를 넣어 말해 보세요.

아 나 따 노 탄 죠—비 와 낭 가쯔 데 스 까
A **あなたの 誕生日は 何月ですか。**
　　　　たんじょう び　　　なんがつ

당신의 생일은 몇 월입니까?

　　　　　　　　데 스
B 　　　　　　**です。** _____입니다.

양력	陽暦	ようれき	요–레끼
음력	陰暦	いんれき	인레끼
매년	毎年	まいとし	마이또시
재작년	おととし		오또또시
작년	去年	きょねん	쿄넨
올해	今年	ことし	코또시
내년	来年	らいねん	라이넨
설날	正月	しょうがつ	쇼–가쯔
추석	お盆	おぼん	오본
크리스마스	クリスマス		쿠리스마스
섣달그믐날	大晦日	おおみそか	오–미소까
기념일	記念日	きねんび	키넴비
생일	誕生日	たんじょうび	탄죠–비

계절

08
MP3

봄	春	はる	하루
여름	夏	なつ	나쯔
가을	秋	あき	아끼
겨울	冬	ふゆ	후유

일본의 연중 행사

▷ 1월1일 元旦(がんたん)
한 해의 시작을 축하하는 날(설날).

▷ 2월3일 전후 節分(せつぶん)の日(ひ)
입춘 전날. 봄을 맞이하는 날.

▷ 3월3일 ひな祭(まつ)り
여자 아이가 건강하게 자라도록 기원하는 날.

▷ 7월7일 七夕(たなばた)の日(ひ)
중국 전설에서 유래된 행사(칠석).

▷ 8월15일 お盆(ぼん)
한국의 추석과 같은 날.

▷ 12월31일 大晦日(おおみそか)
한해의 마지막 날로, 새해 맞이 준비를 하는 날.

사물의 상태·형태

뜨겁다	熱い	あつい	아쯔이	❶
차갑다	冷たい	つめたい	츠메따이	❷
덥다	暑い	あつい	아쯔이	❸
춥다	寒い	さむい	사무이	❹
새롭다	新しい	あたらしい	아따라시-	❺
낡다	古い	ふるい	후루이	❻
크다	大きい	おおきい	오-끼-	❼
작다	小さい	ちいさい	치-사이	❽
길다	長い	ながい	나가이	❾
짧다	短い	みじかい	미지까이	❿
멀다	遠い	とおい	토-이	⓫
가깝다	近い	ちかい	치까이	⓬

말해보기 ※ 그림을 보고 일본어로 말해 보세요.

사물의 상태·형태

많다	多い	おおい	오-이	❶
적다	少ない	すくない	스꾸나이	❷
넓다	広い	ひろい	히로이	❸
좁다	狭い	せまい	세마이	❹
빠르다	速い	はやい	하야이	❺
늦다	遅い	おそい	오소이	❻
높다	高い	たかい	타까이	❼
낮다	低い	ひくい	히꾸이	❽
밝다	明るい	あかるい	아까루이	❾
어둡다	暗い	くらい	쿠라이	❿
강하다	強い	つよい	츠요이	
약하다	弱い	よわい	요와이	

말해보기　※ 그림을 보고 일본어로 말해 보세요.

좋다	良い	よい	요이	❶
나쁘다	悪い	わるい	와루이	❷
잘하다	上手だ	じょうずだ	죠ー즈다	❸
잘 못하다	下手だ	へただ	헤따다	❹
무겁다	重い	おもい	오모이	❺
가볍다	軽い	かるい	카루이	❻
굵다	太い	ふとい	후또이	❼
가늘다	細い	ほそい	호소이	❽
딱딱하다	硬い	かたい	카따이	❾
부드럽다	柔かい	やわらかい	야와라까이	❿
두껍다	厚い	あつい	아쯔이	⓫
얇다	薄い	うすい	우스이	⓬

말해보기 ※ 그림을 보고 일본어로 말해 보세요.

❶ ⟺ ❷

❸ ⟺ ❹

❺ ⟺ ❻

❼ ⟺ ❽

❾ ⟺ ❿

⓫ ⟺ ⓬

위치 · 방향

오른쪽	右	みぎ	미기	❶
왼쪽	左	ひだり	히다리	❷
위	上	うえ	우에	❸
아래	下	した	시따	❹
앞	前	まえ	마에	❺
뒤	後	うしろ	우시로	❻
옆	横	よこ	요꼬	❼
근처	そば		소바	❽
안 / 속	中	なか	나까	
동	東	ひがし	히가시	
서	西	にし	니시	
남	南	みなみ	미나미	
북	北	きた	키따	

 ※ 그림을 보고 일본어로 말해 보세요.

⑥
②/⑦ **③** **①/⑦**
④
⑤
⑧

※ 1~8까지의 단어를 넣어 말해 보세요.

홍 와 도 꼬 니 아 리 마 스 까

A 本は どこに ありますか。
ほん

책은 어디에 있습니까?

홍 와 이 스 노   니 아 리 마 스

B 本は 椅子の ⬜ に あります。
ほん い す

책은 의자 _____ 에 있습니다.

때 · 빈도

| 우선 | まず | 마즈 |

- まず、買い物をする。
  마즈 카이모노오 스루

  우선 쇼핑을 하다.

| 다음에 | 次に　　つぎに | 츠기니 |

- 次に、これを 説明する。
  츠기니 코레오 세쯔메-스루

  다음에 이것을 설명하다.

| 처음에 | 最初に　　さいしょに | 사이쇼니 |

- 最初に 自己紹介をする。
  사이쇼니 지꼬쇼-까이오 스루

  처음에 자기소개를 하다.

| 마지막에 | 最後に　　さいごに | 사이고니 |

- 最後に あいさつをする。
  사이고니 아이사쯔오 스루

  마지막에 인사를 하다.

| 나중에 | 後で　　あとで | 아또데 |

- 勉強した 後で 遊ぶ。
  벵꾜-시타 아또데 아소부

  공부한 후에 놀다.

| 지금 | 今　　いま | 이마 |

- 今、到着した。
  이마 토-착꾸시따

  지금 도착했다.

| 지난 번 | この間 | このあいだ | 코노아이다 |

- この間 会った。
코노아이다 알따

지난 번에 만났다.

| 앞으로 | これから | | 코레까라 |

- これから 2年 かかるだろう。
코레까라 니넹 카까루다로-

앞으로 2년 걸릴 것이다.

| 이전 | 以前 | いぜん | 이젠 |

- 以前、通っていた 学校。
이젠 카욛떼이따 각꼬-

예전에 다녔던 학교.

| 옛날 | 昔 | むかし | 무까시 |

- 昔、住んでいた 家。
무까시 슨데이따 이에

옛날 살았던 집.

| 요즘 | この頃 | このごろ | 코노고로 |

- この頃、体の 調子が 悪い。
코노고로 카라다노 쵸-시가 와루이

요즘 몸 상태가 나쁘다.

| 갑자기 | 急に | きゅうに | 큐-니 |

- 急に 雨が 降る。
큐-니 아메가 후루

갑자기 비가 오다.

때 · 빈도

| 아까 | さっき | 삭끼 |

- さっき 教室に いた。
  삭끼 쿄—시쯔니 이따

  아까 교실에 있었다.

| 어느 날 | ある日　　　　あるひ | 아루히 |

- ある日、彼が 訪ねて きた。
  아루히 카레가 타즈네떼 키따

  어느 날 그가 찾아왔다.

| 현재 | 現在　　　　　げんざい | 겐자이 |

- 現在の 状態。
  겐자이노 죠—따이

  현재의 상태.

| 과거 | 過去　　　　　かこ | 카꼬 |

- 過去の 最高記録。
  카꼬노 사이꼬—키로꾸

  과거의 최고 기록.

| 미래 | 未来　　　　　みらい | 미라이 |

- 子供の 未来。
  코도모노 미라이

  아이의 미래.

| 요전 | この前　　　　このまえ | 코노마에 |

- これは、この前 買った 本だ。
  코레와 코노마에 칻따 홍다

  이것은 요전에 샀던 책이다.

| 잠시 | しばらく | 시바라꾸 |

- しばらく お待ち ください。　잠시 기다려 주십시요.
  시바라꾸 오마찌 쿠다사이

| 계속 | ずっと | 즐또 |

- 朝から ずっと 晴れていた。　아침부터 계속 맑았다.
  아사까라 즐또 하레떼이따

| 아침 | 朝　　　　あさ | 아사 |

- 朝早く 起きる。　아침 일찍 일어나다.
  아사하야꾸 오끼루

| 낮 | 昼　　　　ひる | 히루 |

- 昼が 長く なった。　낮이 길어졌다.
  히루가 나가꾸 낟따

| 저녁 | 夕方　　　　ゆうがた | 유-가따 |

- 夕方に 買い物に 行く。　저녁에 쇼핑하러 가다.
  유-가따니 카이모노니 이꾸

| 밤 | 夜　　　　よる | 요루 |

- 夜、出かける。　밤에 외출하다.
  요루 데까께루

	명사	사물	장소	방향	양태	방법
이(こ)	이	이것	여기	이쪽	이런	이렇게
	この	これ	ここ	こちら	こんな	こう
그(そ)	그	그것	거기	그쪽	그런	그렇게
	その	それ	そこ	そちら	そんな	そう
저(あ)	저	저것	저기	저쪽	저런	저렇게
	あの	あれ	あそこ	あちら	あんな	ああ
어느(ど)	어느	어느 것	어디	어느 쪽	어떤	어떻게
	どの	どれ	どこ	どちら	どんな	どう

몇 개	いくつ	이꾸쯔

• リンゴは いくつ ありますか。　사과는 몇 개 있습니까?
링고와 이꾸쯔 아리마스까

누구	誰　　　だれ	다레

• あの人は 誰ですか。　저 사람은 누구입니까?
아노히또와 다레데스까

왜	どうして	도-시떼

• どうして 休みましたか。　왜 쉬었습니까?
도-시떼 야스미마시따까

무엇	なに	나니

• 今日は、何を しますか。　오늘은 무엇을 합니까?
쿄-와 나니오 시마스까

얼마	いくら	이꾸라

• それは いくらですか。　그것은 얼마입니까?
소레와 이꾸라데스까

접속사

게다가	そのうえ	소노우에
결국	つまり	츠마리
그건 그렇고	さて	사떼
그래서	そこで	소꼬데
그러나	しかし	시까시
그러니까	だから	다까라
그러면	それでは	소레데와
그런데	ところが	토꼬로가
그런데	ところで	토꼬로데
그렇다면	それなら	소레나라
그렇지만	でも	데모
그리고	そして	소시떼
단	ただし	타다시

더구나	さらに	사라니
따라서	したがって	시따갇떼
또는	または	마따와
만약	もし	모시
및	および	오요비
실은	じつは	지쯔와
어쨌든	とにかく	토니까꾸
아니면	それとも	소레또모
예를 들면	たとえば	타또에바
왜냐하면	なぜなら	나제나라
즉	すなわち	스나와찌
혹은	あるいは	아루이와

부사

| 가득 | いっぱい | 입빠이 |

• 動物園が 人で いっぱいだ。　동물원이 인파로 가득하다.
　도-부쯔엥가 히도데 입빠이다

| 겨우 | やっと | 얃또 |

• やっと 宿題が 終わった。　겨우 숙제가 끝났다.
　얃또 슈꾸다이가 오왇따

| 곧 / 즉시 | すぐ / 早速(さっそく) | 스구 / 삿소꾸 |

• すぐ 出発する。　즉시 출발하다.
　스구 슙빠쯔스루

| 그다지 | あまり + 부정 | 아마리 |

• あまり 食べたくない。　그다지 먹고 싶지 않다.
　아마리 타베따꾸나이

| 꼭 / 마침 | ちょうど | 쵸-도 |

• ちょうど バスが 来た。　마침 버스가 왔다.
　쵸-도 바스가 키따

| 꽤 | かなり | 카나리 |

• かなり 重かった。　꽤 무거웠다.
　카나리 오모깓따

| 더 / 더욱 | さらに / もっと | 사라니/못또 |

• もっと 勉強したい。
  못또 벵꾜~시따이

더 공부하고 싶다.

| 다 / 모두 | すべて | 스베떼 |

• お菓子を すべて 食べて しまった。
  오까시오 스베떼 타베떼 시맏따

과자를 다 먹어버렸다.

| 때때로 / 가끔 | たまに | 타마니 |

• たまに 映画を 見る。
  타마니 에~가오 미루

가끔 영화를 보다.

| 반드시 | 必ず　　　　かならず | 카나라즈 |

• 必ず 電話を する。
  카나라즈 뎅와오 스루

반드시 전화를 하다.

| 아마 | たぶん / おそらく | 타붕/오소라꾸 |

• たぶん 雨が 降るだろう。
  타붕 아메가 후루다로~

아마 비가 올 것이다.

| 아주 / 매우 | とても + 긍정 | 토떼모 |

• とても 嬉しかった。
  토떼모 우레시깓따

매우 즐거웠다.

부사

아직 / 여전히	**まだ**	마다

• まだ、終わらない。
  마다 오와라나이

아직 끝나지 않다.

여러 가지	**いろいろ**	이로이로

• いろいろ 文句を いう。
  이로이로 몽꾸오 이우

여러 가지 불평을 하다.

역시	**やっぱり**	얍빠리

• 彼は やっぱり 来なかった。
  카레와 얍빠리 코나깓따

그는 역시 오지 않았다.

자주 / 잘	**よく**	요꾸

• よく 風邪を 引く。
  요꾸 카제오 히꾸

자주 감기에 걸린다.

전혀	**まったく / ぜんぜん**	맏따꾸 / 젠젠

• ぜんぜん 面白くない。
  젠젠 오모시로꾸 나이

전혀 재미있지 않다.

점점 / 점차	**だんだん**	단단

• だんだん 大きくなる。
  단단 오—끼꾸 나루

점점 커진다.

| 정말로 | 本当に | ほんとうに | 혼또-니 |

ほんとう おもしろ ほん
• 本当に 面白い 本だ。 　　　정말로 재미있는 책이다.
혼또-니 오모시로이 홍다

| 정말 | どうも | | 도-모 |

• どうも ありがとうございます。　정말 고맙습니다.
도-모 아리가또-고자이마스

| 조금 | ちょっと / 少し(すこし) | | 촛또 / 스꼬시 |

かた
• 少し 固いです。 　　　　조금 단단합니다.
스꼬시 카따이데스

| 천천히 | ゆっくり | | 육꾸리 |

はな
• ゆっくり 話して ください。 　천천히 말해 주세요.
육꾸리 하나시떼 쿠다사이

| 특히 | 特に | とくに | 토꾸니 |

とく じゅうよう
• 特に 重要です。 　　　　특히 중요합니다.
토꾸니 쥬-요-데스

| 항상 / 늘 | いつも | | 이쯔모 |

おんがく き
• いつも 音楽を 聞いています。 항상 음악을 듣고 있습니다.
이쯔모 옹가꾸오 키이떼 이마스

인사말

처음 뵙겠습니다

- 初めまして。 하지메마시떼

잘 부탁합니다

- よろしく お願いします。 요로시꾸 오네가이시마스

안녕하세요(아침)

- おはようございます。 오하요--고자이마스

안녕하세요(낮)

- こんにちは。 콘니찌와

안녕하세요(밤)

- こんばんは。 콤방와

잘 먹겠습니다

- いただきます。 이따다끼마스

잘 먹었습니다

- ごちそうさま。 고찌소--사마

감사합니다

- ありがとうございます。 　아리가또-고자이마스

죄송합니다

- すみません。 　스미마센

안녕히 가세요 (계세요)

- さようなら。 　사요-나라

안녕히 주무셨어요?

- おはようございます。 　오하요-고자이마스

안녕히 주무세요

- おやすみなさい。 　오야스미나사이

다녀오겠습니다

- 行って来ます。 　잍떼 키마스

다녀왔습니다

- ただいま。 　타다이마

1. 조수사를 맞게 연결해 보세요.

① こども ・   ・ 匹 (ひき)

② 本 (ほん) ・   ・ 個 (こ)

③ リンゴ ・   ・ 人 (にん)

④ 犬 (いぬ) ・   ・ 冊 (さつ)

⑤ 皿 (さら) ・   ・ 枚 (まい)

2. 지금 몇 시입니까? 일본어로 쓰세요.

① 12시50분

② 4시30분

③ 7시45분

④ 2시15분

⑤ 6시 8분

⑥ 9시23분

3. 다음 표에 들어갈 알맞은 말을 일본어로 쓰세요.

にち 日	きのう 昨日	きょう 今日	①(　　)	あさって
しゅう 週	せんしゅう 先週	②(　　)	らいしゅう 来週	さらいしゅう 再来週
がつ 月	せんげつ 先月	こんげつ 今月	らいげつ 来月	③(　　)
ねん 年	④(　　)	ことし 今年	らいねん 来年	さらいねん 再来年

4. 다음 날짜와 요일을 일본어로 쓰세요.

① 4월5일 수요일

② 7월20일 월요일

③ 2월3일 일요일

④ 9월19일　화요일

⑤ 6월1일 토요일

5. 반대말을 찾아 연결해 보세요.

① 長い _{なが} •   • 寒い _{さむ}

② 多い _{おお} •   • 古い _{ふる}

③ 新しい _{あたら} •   • 短い _{みじか}

④ 暑い _{あつ} •   • 小さい _{ちい}

⑤ 大きい _{おお} •   • 少ない _{すく}

6. 밑줄 친 단어를 일본어로 쓰세요.

^①안녕하세요? ^②이것은 ^③얼마입니까?

^④그것은 1000엔입니다.

저 상자 옆에 있는 것은 ^⑤무엇입니까?

사과입니다. 다른 과일도 ^⑥여러 가지 있습니다.

^⑦그러면 바나나 있습니까?

^⑧죄송합니다. 바나나는 지금 다 떨어졌습니다.

① _____   ② _____

③ _____   ④ _____

⑤ _____   ⑥ _____

⑦ _____   ⑧ _____

PART 2 사람의 몸

머리카락	髪	かみ	카미	❶
얼굴	顔	かお	카오	❷
눈	目	め	메	❸
코	鼻	はな	하나	❹
입	口	くち	쿠찌	❺
귀	耳	みみ	미미	❻
볼/뺨	ほお		호-	❼
입술	唇	くちびる	쿠찌비루	❽
이	歯	は	하	
혀	舌	した	시따	
이마	額	ひたい	히따이	❾
턱	あご		아고	❿
피부	皮膚	ひふ	히후	

※ 그림을 보고 일본어로 말해 보세요.

※ 1~8까지의 단어를 넣어 말해 보세요.

키 레 이 나   데 스 네
A きれいな [   ]ですね。
예쁜 _____이네요.

소 - 데 스 네
B そうですね。 그러네요.

머리	頭	あたま	아따마	❶
목	首	くび	쿠비	❷
어깨	肩	かた	카따	❸
가슴	胸	むね	무네	❹
등	背中	せなか	세나까	❺
배	お腹	おなか	오나까	❻
팔	腕	うで	우데	❼
다리	足	あし	아시	❽
손	手	て	테	❾
엉덩이	おしり		오시리	❿
허리	腰	こし	코시	⓫
무릎	ひざ		히자	⓬
키	背	せ	세	⓭

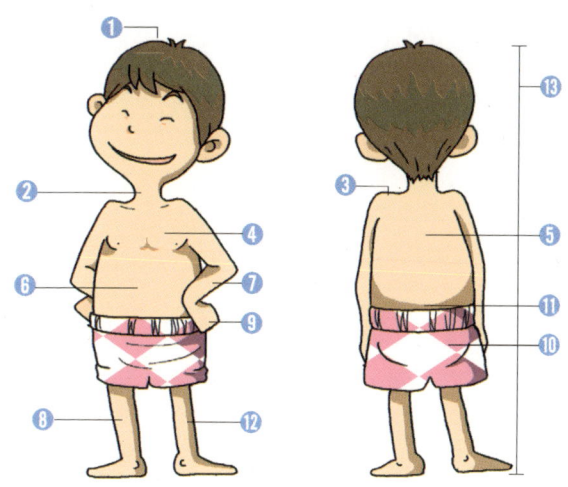

말해보기 ※ 그림을 보고 일본어로 말해 보세요.

※ 1~12까지의 단어를 넣어 말해 보세요.

가 스꼬시 이따이 노 데 스 가
A _____が少し痛いのですが...。
　　すこ　いた
_____가 조금 아픈데요...

뵤 잉 니 잇 떼 미 마 쇼ー
B 病院に行ってみましょう。
　びょういん　い
병원에 가봅시다.

뇌	脳	のう	노—	❶
심장	心臓	しんぞう	신조—	❷
폐	肺	はい	하이	❸
위	胃	い	이	❹
십이지장	十二指腸	じゅうにしちょう	쥬—니시쬬—	❺
대장	大腸	だいちょう	다이쬬—	❻
소장	小腸	しょうちょう	쇼—쬬—	❼
간장	肝臓	かんぞう	칸조—	❽
신장	腎臓	じんぞう	진조—	❾
뼈	骨	ほね	호네	❿
관절	関節	かんせつ	칸세쯔	⓫
피	血	ち	치	⓬
근육	筋肉	きんにく	킨니꾸	⓭

 ※ 그림을 보고 일본어로 말해 보세요.

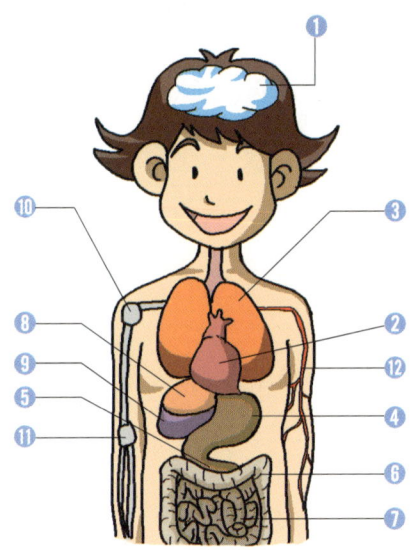

※ 1〜12까지의 단어를 넣어 말해 보세요.

노 하따라끼 니 쯔 이 떼 세쯔메─ 시 마 스

A [   ] の 働 き に つ い て 説 明 し ま す 。
           はたら   せつめい

_____의 기능에 대해 설명합니다.

신체동작

| 걷다 | 歩く | あるく | 아루꾸 |

がっこう ある
• 学校まで 歩く。
각꼬--마데 아루꾸

학교까지 걸어가다.

| 넘어지다 | 転ぶ | ころぶ | 코로부 |

かいだん ころ
• 階段で 転ぶ。
카이단데 코로부

계단에서 넘어지다.

| 굽히다 | 曲げる | まげる | 마게루 |

うで ま
• 腕を 曲げる。
우데오 마게루

팔을 굽히다.

| 꺾다 | 折る | おる | 오루 |

えだ お
• 枝を 折る。
에다오 오루

가지를 꺾다.

| 나가다 | 出る | でる | 데루 |

いえ で
• 家を 出る。
이에오 데루

집을 나가다.

| 날다 | 飛ぶ | とぶ | 토부 |

とり と
• 鳥が 飛ぶ。
토리가 토부

새가 날아가다.

| 놓다 / 두다 | 置く おく | 오꾸 |

- かばんを 置く。
  가방오 오꾸

가방을 놓다.

| 누르다 / 밀다 | 押す おす | 오스 |

- ボタンを 押す。
  보땅오 오스

단추를 누르다.

| 닦다 | 拭く ふく | 후꾸 |

- 床を 拭く。
  유까오 후꾸

바닥을 닦다.

| 닫다 | 閉める しめる | 시메루 |

- 窓を 閉める。
  마도오 시메루

창문을 닫다.

| 달리다 | 走る はしる | 하시루 |

- 運動場を 走る。
  운도-죠-오 하시루

운동장을 달리다.

| 당기다 | 引く ひく | 히꾸 |

- 綱を 引く。
  츠나오 하꾸

줄을 당기다.

신체동작

| 던지다 | 投げる | なげる | 나게루 |

• ボールを 投げる。
보-루오 나게루

공을 던지다.

| 돌리다 | 回す | まわす | 마와스 |

• こまを 回す。
코마오 마와스

팽이를 돌리다.

| 때리다 | 殴る | なぐる | 나구루 |

• 相手を 殴る。
아이떼오 나구루

상대를 때리다.

| 만지다 | 触る | さわる | 사와루 |

• 頭を 触る。
아따마오 사와루

머리를 만지다.

| 멈추다 | 止まる | とまる | 토마루 |

• 車が 止まる。
쿠루마가 토마루

차가 멈추다.

| 밟다 | 踏む | ふむ | 후무 |

• 足を 踏む。
아시오 후무

다리를 밟다.

| 뿌리다 | 撒く | まく | 마꾸 |

- 種^{たね}を 撒^まく。　　씨를 뿌리다.
  타네오 마꾸

| 서다 | 立つ | たつ | 타쯔 |

- バス停^{てい}に 立^たつ。　　버스 정류장에 서다.
  바스떼-니 타쯔

| 안다 | 抱く | だく | 다꾸 |

- 赤^{あか}ちゃんを 抱^だく。　　아기를 안다.
  아까짱오 다꾸

| 앉다 | 座る | すわる | 스와루 |

- 椅子^{いす}に 座^{すわ}る。　　의자에 앉다.
  이스니 스와루

| 열다 | 開ける | あける | 아께루 |

- 箱^{はこ}を 開^あける。　　상자를 열다.
  하꼬오 아께루

| 올라가다 | 登る | のぼる | 노보루 |

- 山^{やま}に 登^{のぼ}る。　　산에 올라가다.
  야마니 노보루

옮기다	運ぶ　　　　はこぶ	하꼬부

* タンスを 運ぶ。
  탄스오 하꼬부

장롱을 옮기다.

움직이다	動く　　　　うごく	우고꾸

* 車が 動く。
  쿠루마가 우고꾸

차가 움직이다.

일어나다	起きる　　　おきる	오끼루

* 朝早く、起きる。
  아사하야꾸 오끼루

아침 일찍 일어나다.

잡다	握る　　　　にぎる	니기루

* 手を 握る。
  테오 니기루

손을 잡다.

잡다 / 들다	取る　　　　とる	토루

* 電話を 取る。
  뎅와오 토루

전화를 들다.

잡다	捕まえる　　つかまえる	츠까마에루

* 泥棒を 捕まえる。
  도로보―오 츠까마에루

도둑을 잡다.

| 줍다 | 拾う　　　　ひろう | 히로우 |

• 財布を 拾う。
さいふ ひろ
사이후오 히로우

지갑을 줍다.

| 깨다 | 割る　　　　わる | 와루 |

• ガラスを 割る。
わ
가라스오 와루

유리창을 깨다.

| 찢다 | 破る　　　　やぶる | 야부루 |

• 紙を 破る。
かみ やぶ
카미오 야부루

종이를 찢다.

| 차다 | 蹴る　　　　ける | 케루 |

• ボールを 蹴る。
け
보-루오 케루

볼을 차다.

| 치다 | 打つ　　　　うつ | 우쯔 |

• バットで 打つ。
う
밧또데 우쯔

방망이로 치다.

| 펴다 | 伸ばす　　　のばす | 노바스 |

• 背筋を 伸ばす。
せすじ の
세스지오 노바스

등을 펴다.

실력확인

1. 그림을 보고 신체의 명칭을 일본어로 쓰세요.

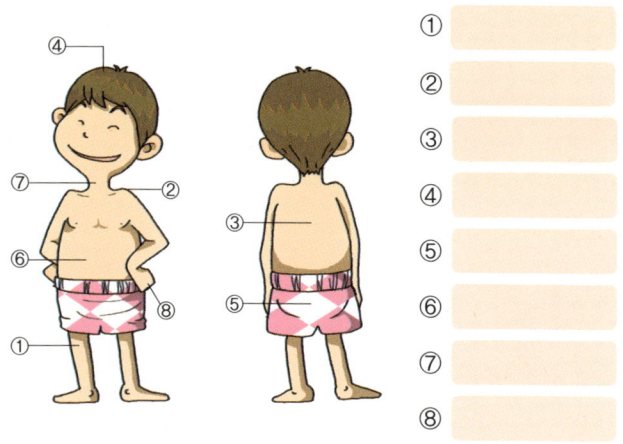

①
②
③
④
⑤
⑥
⑦
⑧

2. 아래 단어를 일본어로 쓰세요.

① 일어나다

② 앉다

③ 멈추다

④ 던지다

⑤ 걷다

⑥ 나가다

⑦ 열다

PART **3** 건강

| 피곤하다 | 疲れる | つかれる | 츠까레루 |

• 仕事で 疲れる。
  시고또데 츠까레루

일 때문에 피곤하다.

| 열이 나다 | 熱が出る | ねつがでる | 네쯔가 데루 |

• 昨日、熱が 出た。
  키노-, 네쯔가 데따

어제 열이 났다.

| 기침이 나다 | 咳が出る | せきがでる | 세끼가 데루 |

• 風邪を 引いて、咳が 出る。
  카제오 히이떼 세끼가 데루

감기에 걸려서 기침이 나오다.

| 현기증나다 | めまいがする | | 메마이가 스루 |

• 立つと めまいが する。
  타쯔또 메마이가 스루

일어서면 현기증이 난다.

| 다치다 | けがをする | | 케가오 스루 |

• 転んで けがを した。
  코론데 케가오 시따

넘어져서 다쳤다.

| 골절하다 | 骨折する | こっせつする | 콧세쯔스루 |

• 腕を 骨折 した。
  우데오 콧세쯔 시따

팔이 부러졌다.

| 충혈되다 | 充血する | じゅうけつする | 쥬-께쯔스루 |

- 目が 充血 する。
めが じゅうけつ

메가 쥬-께쯔 스루

눈이 충혈되다.

| 살이 찌다 | 太る | ふとる | 후또루 |

- 食べすぎて 太った。
た ふと

타베스기떼 후똗따

과식해서 살이 쪘다.

| 야위다 | やせる | | 야세루 |

- 病気で やせた。
びょうき

뵤-끼데 야세따

병으로 야위었다.

| 아프다 | 痛い | いたい | 이따이 |

- 頭が 痛い。
あたま いた

아따마가 이따이

머리가 아프다.

| 가렵다 | かゆい | | 카유이 |

- 背中が かゆい。
せなか

세나까가 카유이

등이 가렵다.

| 숨이 차다 | 息切れする | いきぎれする | 이끼기레스루 |

- 走って 息切れする。
はし いきぎ

하싣떼 이끼기레스루

달려서 숨이 차다.

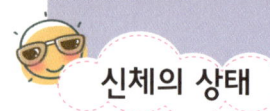

| 스트레스가 쌓이다 | ストレスがたまる | 스또레스가 타마루 |

• 会社で ストレスが たまる。　회사에서 스트레스가 쌓이다.
かいしゃ
카이샤데 스또레스가 타마루

| 설사하다 | 下痢をする　げりをする | 게리오스루 |

• 下痢を して 力が 出ない。　설사를 해서 힘이 없다.
げり　　ちから　で
게리오 시떼 치까라가 데나이

| 낫다 | 治る　　なおる | 나오루 |

• 病気が 治る。　병이 낫다.
びょうき　なお
뵤--끼가 니오루

| 체하다 | もたれる | 모따레루 |

• 胃が もたれる。　위가 더부룩하다.
い
이가 모따레루

| 나른하다 | だるい | 다루이 |

• 体が だるい。　몸이 나른하다.
からだ
카라다가 다루이

| 토하다 | 吐く　　はく | 하꾸 |

• 食べ物を 吐く。　음식물을 토하다.
た　もの　は
타베모노오 하꾸

| 기절하다 | 気を失う | きをうしなう | 키오 우시나우 |

• びっくりして 気を 失う。
빅꾸리시떼 키오 우시나우

너무 놀라 기절하다.

| 떨리다 | 震える | ふるえる | 후루에루 |

• 寒くて 震える。
사무꾸떼 후루에루

추워서 떨리다.

| 쓰러지다 | 倒れる | たおれる | 타오레루 |

• 突然 倒れる。
토쯔젠 타오레루

갑자기 쓰러지다.

| 욱신욱신하다 | ずきずきする | | 즈끼즈끼스루 |

• 頭が ずきずきする。
아따마가 즈끼즈끼스루

머리가 욱신욱신하다.

| 따끔따끔하다 | ひりひりする | | 히리히리스루 |

• 傷が ひりひりする。
키즈가 히리히리스루

상처가 따끔따끔하다.

급성	急性	きゅうせい	규-세-
만성	慢性	まんせい	만세-
후유증	後遺症	こういしょう	코-이쇼-
유행성	流行性	りゅうこうせい	류-꼬-세-
중상	重症	じゅうしょう	쥬-쇼-
경상	軽傷	けいしょう	케-쇼-
증상	症状	しょうじょう	쇼-죠-
악화	悪化	あっか	악까
회복	回復	かいふく	카이후꾸
위독	危篤	きとく	키또꾸
꾀병	仮病	けびょう	케뵤-
예방	予防	よぼう	요보-

숨을 쉬다	息を する。	이끼오 스루
땀을 흘리다	汗を かく。	아세오 카꾸
식은땀이 나다	冷汗が 出る。	히아세가 데루
눈물이 나다	涙が 出る。	나미다가 데루
콧물이 나다	鼻水が 出る。	하나미즈가 데루
재채기를 하다	くしゃみを する。	쿠사미오 스루
하품을 하다	あくびを する。	아꾸비오 스루
트림이 나다	げっぷが 出る。	겝뿌가 데루
딸꾹질이 나오다	しゃっくりが 出る。	샥꾸리가 데루
방귀가 나오다	おならが 出る。	오나라가 데루
소변을 하다	おしっこを する。	오식꼬오 스루
소름이 끼치다	鳥肌が たつ。	토리하다가 타쯔
코를 골다	いびきを かく。	이비끼오 카꾸

외래	外来	がいらい	가이라이	❶
진찰실	診察室	しんさつしつ	신사쯔시쯔	❷
대기실	待合室	まちあいしつ	마찌아이시쯔	❸
회계	会計	かいけい	카이께—	❹
검사실	検査室	けんさしつ	켄사시쯔	❺
의사	医者	いしゃ	이샤	❻
간호사	看護婦	かんごふ	칸고후	❼
환자	患者	かんじゃ	칸쟈	❽
치료	治療	ちりょう	치료—	
수술	手術	しゅじゅつ	슈쥬쯔	
혈압계	血圧計	けつあつけい	케쯔아쯔께—	❾
주사	注射	ちゅうしゃ	쥬—샤	❿
입원하다	入院する	にゅういんする	뉴—인스루	
퇴원하다	退院する	たいいんする	타이인 스루	

 ※ 그림을 보고 일본어로 말해 보세요.

※ 1~5까지의 단어를 넣어 말해 보세요.

A
　와　도꼬데스까
　　　　　　は　どこですか。

_____ 는 어디 입니까?

B
아 소 꼬 데 스 요
あそこですよ。

저기 입니다.

두통	頭痛	ずつう	ㅈ쯔…	❶
감기	風邪	かぜ	카제	❷
복통	腹痛	ふくつう	후꾸쯔…	❸
암	癌	がん	간	❹
당뇨병	糖尿病	とうにょうびょう	토-뇨-뵤-	❺
뇌졸중	脳卒中	のうそっちゅう	노-솓쮸-	❻
빈혈	貧血	ひんけつ	힝께쯔	❼
염좌	捻挫	ねんざ	넨자	❽
충치	虫歯	むしば	무시바	❾

1~9까지의 단어를 넣어 말해 보세요.

와 요꾸 나 리 마 시 따 까
A _____ は よく なりましたか。

_____는 좋아졌습니까?

에- 오까게사마데
B ええ、おかげさまで。

네, 덕분에….

의약품

감기약	風邪薬	かぜぐすり	카제구스리	❶
진통제	鎮痛剤	ちんつうざい	친쯔--자이	❷
지사제	下痢止め	げりどめ	게리도메	❸
해열제	解熱剤	げねつざい	게네쯔자이	❹
소화제	消化剤	しょうかざい	쇼--까자이	❺
영양제	栄養剤	えいようざい	에--요--자이	❻
연고	軟膏	なんこう	낭꼬--	❼
안약	目薬	めぐすり	메구스리	❽
소독액	消毒液	しょうどくえき	쇼--도꾸에끼	❾

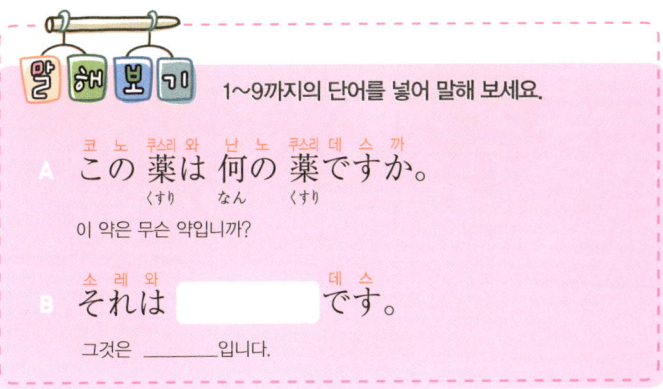

말 해 보 기 1~9까지의 단어를 넣어 말해 보세요.

코 노 쿠스리 와 난 노 쿠스리 데 스 까
A この 薬は 何の 薬ですか。
くすり　　　なん　　くすり
이 약은 무슨 약입니까?

소 레 와　　　　　　데 스
B それは 　　　　　 です。
그것은 ＿＿＿＿＿＿입니다.

1. 그림을 보고 상황에 맞는 단어를 쓰세요.

① 기침이 나다.

② 머리가 아프다.

③ 하품을 하다.

④ 눈물이 나다.

⑤코를 골다.

2. 서로 맞는 것을 연결해 보세요.

① 의사 •　　　　　• 頭痛

② 치료 •　　　　　• 貧血

③ 입원 •　　　　　• 治療

④ 빈혈 •　　　　　• 注射

⑤ 주사 •　　　　　• 医者

⑥ 두통 •　　　　　• 入院

3. 밑줄 친 단어를 일본어로 쓰세요.

A 어떻게 오셨습니까?

B 네…. ①열이 나고 몸이 나른합니다.

A 기침도 납니까?

B 아니요. 기침은 나지 않지만 ②콧물이 납니다.

A 증상으로는 ③감기 같습니다.

　　④약을 먹고 2~3일 상태를 봅시다.

①　　　　　　　　　　②

③　　　　　　　　　　④

실력확인

4. 그림을 보고 단어를 일본어로 쓰세요.

① 주사

② 의사

③ 환자

④ 간호사

⑤ 혈압계

5. 증상에 맞는 약을 찾아 연결하세요.

① 설사하다　　　　•

② 눈이 아프다　　　•

③ 소화가 안된다　•

④ 몸이 아프다　　•

⑤ 열이 있다　　　•

• 目薬(めぐすり)

• 解熱剤(げねつざい)

• 下痢止(げりど)め

• 消化剤(しょうかざい)

• 鎮痛剤(ちんつうざい)

PART **4** 감정

상냥하다	やさしい		야사시― ❶
밝다	明るい	あかるい	아까루이 ❷
냉정하다	冷たい	つめたい	츠메따이 ❸
점잖다	おとなしい		오또나시― ❹
똑똑하다	賢い	かしこい	카시꼬이 ❺
예의바르다	礼儀正しい	れいぎただしい	레―기따다시― ❻
어둡다	暗い	くらい	쿠라이 ❼
사교적이다	社交的だ	しゃこうてきだ	샤코―떼끼다 ❽
친절하다	親切だ	しんせつだ	신세쯔다 ❾
착실하다	まじめだ		마지메다 ❿
훌륭하다	立派だ	りっぱだ	립빠다 ⓫
정직하다	正直だ	しょうじきだ	쇼―지끼다 ⓬

둔감하다	鈍感だ	どんかんだ	동깐다	⑬
순진하다	純粋だ	じゅんすいだ	쥰스이다	⑭
급하다	短気だ	たんきだ	탕끼다	⑮
겁이 많다	臆病だ	おくびょうだ	오꾸뵤–다	⑯
구두쇠	けちだ		케찌다	⑰
용감하다	勇敢だ	ゆうかんだ	유–깐다	⑱
오만하다	傲慢だ	ごうまんだ	고–만다	⑲

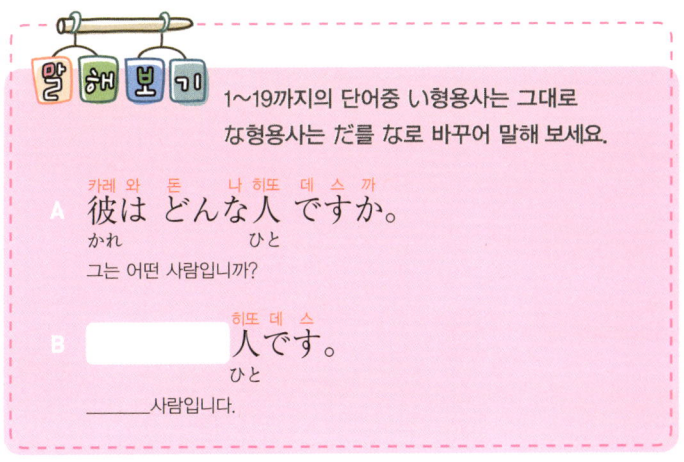

말 해 보 기

1~19까지의 단어중 い형용사는 그대로
な형용사는 だ를 な로 바꾸어 말해 보세요.

A 카레 와 돈 나 히또 데 스 까
彼は どんな人 ですか。
   かれ   ひと
그는 어떤 사람입니까?

B 히또 데 스
　　　　　　　人 です。
　　　　　　　ひと
_____사람입니다.

감사	感謝	かんしゃ	칸샤
거짓말	うそ		우소
결심	決心	けっしん	켓씬
고독	孤独	こどく	코도꾸
기대	期待	きたい	키따이
기분	気分	きぶん	키붕
단념	断念	だんねん	단넹
마음	心	こころ	코꼬로
만족	満足	まんぞく	만조꾸
방해	じゃま		쟈마
실망	失望	しつぼう	시쯔보ー
절망	絶望	ぜつぼう	제쯔보ー
행복	幸福	こうふく	코ー후꾸

걱정이다	心配だ	しんぱいだ	심빠이다
고통스럽다	苦しい	くるしい	쿠루시~
괴롭다	つらい		츠라이
귀찮다	面倒くさい	めんどうくさい	멘도~꾸사이
기쁘다	嬉しい	うれしい	우레시~
따분하다	退屈だ	たいくつだ	타이꾸쯔다
부럽다	羨ましい	うらやましい	우라야마시~
불쌍하다	かわいそうだ		카와이소~다
불안하다	不安だ	ふあんだ	후안다
불쾌하다	不愉快だ	ふゆかいだ	후유카이다
슬프다	悲しい	かなしい	카나시~
시시하다	つまらない		츠마라나이
싫어하다	嫌いだ	きらいだ	키라이다

아깝다	惜しい	おしい	오시─
안심이다	安心だ	あんしんだ	안신다
억울하다	悔しい	くやしい	쿠야시─
외롭다	寂しい	さびしい	사비시─
우울하다	憂鬱だ	ゆううつだ	유─우쯔다
잔혹하다	残酷だ	ざんこくだ	장꼬꾸다
재미있다	面白い	おもしろい	오모시로이
좋아하다	好きだ	すきだ	스끼다
즐겁다	楽しい	たのしい	다노시─
창피하다	恥ずかしい	はずかしい	하즈까시─
행복하다	幸せだ	しあわせだ	시아와세다

감동하다	感動する	かんどうする	칸도--스루
걱정하다	心配する	しんぱいする	심빠이스루
고민하다	悩む	なやむ	나야무
곤란하다	困る	こまる	코마루
기대하다	期待する	きたいする	키따이스루
기뻐하다	喜ぶ	よろこぶ	요로꼬부
긴장하다	緊張する	きんちょうする	킨쬬--스루
낙망하다	がっかりする		각까리스루
놀라다	驚く	おどろく	오도로꾸
당황하다	慌てる	あわてる	아와떼루
마음에 들다	気に入る	きにいる	키니이루
멍하다	ぼんやりする		봉야리스루
미워하다	憎む	にくむ	니꾸무

미치다	狂う	くるう	쿠루우
믿다	信じる	しんじる	신지루
반성하다	反省する	はんせいする	한세-스루
사랑하다	愛する	あいする	아이스루
신경을 쓰다	気を使う	きをつかう	키오 쯔까우
안절부절하다	いらいらする		이라이라스루
이해하다	理解する	りかいする	리까이스루
자랑하다	威張る	いばる	이바루
조심하다	気をつける	きをつける	키오 쯔께루
참다	我慢する	がまんする	가만스루
화내다	怒る	おこる	오꼬루
후회하다	後悔する	こうかいする	코-까이스루
흥분하다	興奮する	こうふんする	코-훈스루

1. 다음 단어의 뜻을 한국어로 쓰세요.

　① 気に入る

　② 気を使う

　③ 気をつける

　④ 信じる

　⑤ がっかりする

2. 반대말끼리 연결하세요.

　① 信じる　　　・　　・ 嫌いだ

　② 心配だ　　　・　　・ うれしい

　③ 明るい　　　・　　・ 疑う

　④ 悲しい　　　・　　・ 面白い

　⑤ 好きだ　　　・　　・ 暗い

　⑥ つまらない　・　　・ 安心だ

3. 성격을 나타내는 단어를 일본어로 쓰세요.

① 겁이 많다

② 정직하다

③ 훌륭하다

④ 친절하다

⑤ 밝다

⑥ 냉정하다

⑦ 상냥하다

⑧ 적극적이다

4. 감정을 나타내는 단어를 일본어로 쓰세요.

① 화내다

② 기쁘다

③ 행복하다

④ 고통스럽다

⑤ 외롭다

⑥ 참다

⑦ 감동하다

⑧ 후회하다

PART **5** 의(衣)

의복

옷	洋服	ようふく	요-후꾸	❶
양복	背広	せびろ	세비로	❷
상의	上着	うわぎ	우와기	❸
와이셔츠	ワイシャツ		와이샤쯔	❹
바지	ズボン		즈본	❺
스웨터	セーター		세-따-	❻
티셔츠	Tシャツ		T샤쯔	❼
블라우스	ブラウス		브라우스	❽
치마	スカート		스까-또	❾
기모노	着物	きもの	키모노	❿
내의	下着	したぎ	시따기	⓫
양말	靴下	くつした	쿠쯔시따	⓬
잠옷	寝巻	ねまき	네마끼	⓭

 ※ 그림을 보고 일본어로 말해 보세요.

❷

❹

❺

❻
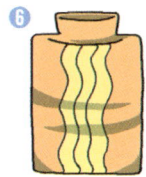

❿

⓬

※ 1~9까지의 단어를 넣어 말해 보세요.

A <ruby>あ<rt>아</rt></ruby><ruby>の<rt>노</rt></ruby> ⬜⬜⬜⬜ <ruby>す<rt>스</rt></ruby><ruby>て<rt>떼</rt></ruby><ruby>き<rt>끼</rt></ruby><ruby>で<rt>데</rt></ruby><ruby>す<rt>스</rt></ruby><ruby>ね<rt>네</rt></ruby>。

저 ＿＿＿＿＿＿ 멋지네요.

B <ruby>もっ<rt>못</rt></ruby><ruby>と<rt>또</rt></ruby> <ruby>大<rt>오-</rt></ruby><ruby>き<rt>끼</rt></ruby><ruby>い<rt>이</rt></ruby> <ruby>サ<rt>사</rt></ruby><ruby>イ<rt>이</rt></ruby><ruby>ズ<rt>즈</rt></ruby> <ruby>あ<rt>아</rt></ruby><ruby>り<rt>리</rt></ruby><ruby>ま<rt>마</rt></ruby><ruby>す<rt>쓰</rt></ruby><ruby>か<rt>까</rt></ruby>。
おお

조금 더 큰 사이즈 있습니까?

| 갈아입다 | 着替える | きがえる | 키가에루 |

• 洋服を 着替える。
요-후꾸오 키가에루

양복을 갈아입다.

| 입다 | 着る | きる | 키루 |

• セーターを 着る。
세-타-오 키루

스웨터를 입다.

| 벗다 | 脱ぐ | ぬぐ | 누구 |

• ワイシャツを 脱ぐ。
와이샤쯔오 누구

와이셔츠를 벗다.

| 어울리다 | 似合う | にあう | 니아우 |

• 帽子が 似合う。
보-시가 니아우

모자가 어울리다.

| 헐겁다 | ゆるい | | 유루이 |

• ベルトが ゆるい。
베루또가 유루이

벨트가 헐겁다.

| 끼다 | きつい | | 키쯔이 |

• ウエストが きつい。
우에스또가 키쯔이

허리가 끼다.

| 줄다 | 縮む　　　　　ちぢむ | 치지무 |

• チョッキが 縮む。
  쬭끼가 치지무

조끼가 줄다.

| 늘어나다 | 伸びる　　　　のびる | 노비루 |

• Tシャツが 伸びる。
  T샤쯔가 노비루

T셔츠가 늘어나다.

| 구겨지다 | しわになる | 시와니나루 |

• ブラウスが しわになる。
  부라우스가 시와니나루

블라우스가 구겨지다.

| 멋이 있다 | 素敵だ　　　　すてきだ | 스떼끼다 |

• ジャケットが 素敵だ。
  쟈켙또가 스떼끼다

자켓이 멋지다.

| 유행하다 | 流行する　　　りゅうこうする | 류-꼬-스루 |

• ドレスが 流行する。
  도레스가 류-꼬-스루

드레스가 유행하다.

신발	靴	くつ	구쯔	❶
모자	帽子	ぼうし	보~시	❷
장갑	手袋	てぶくろ	태부꾸로	❸
목도리	マフラー		마후라~	❹
넥타이	ネクタイ		네꾸따이	❺
손목시계	腕時計	うでどけい	우데도께~	❻
안경	眼鏡	めがね	메가네	❼
벨트	ベルト		베루또	❽
손수건	ハンカチ		항까찌	❾
반지	指輪	ゆびわ	유비와	❿
귀걸이	イヤリング		이야링구	⓫
목걸이	ネックレス		넥꾸레스	⓬
핸드백	ハンドバック		한도박꾸	⓭
지갑	財布	さいふ	사이후	⓮
우산	かさ		카사	⓯

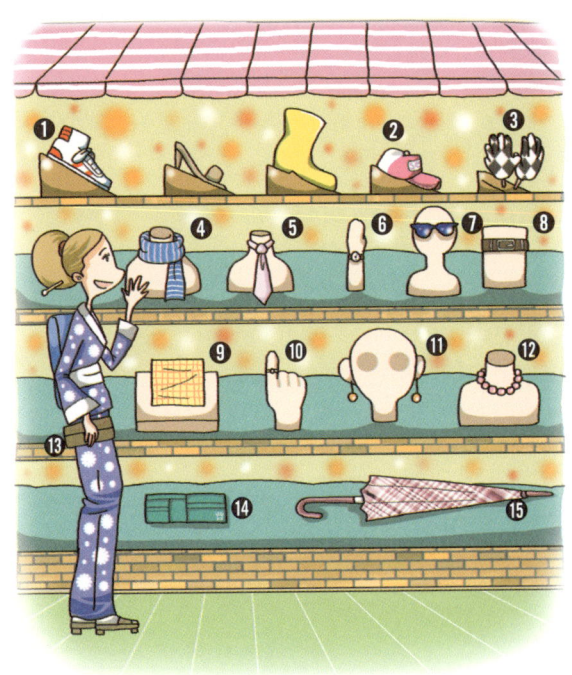

※ 그림을 보고 일본어로 말해 보세요.

재봉	裁縫	さいほう	사이호-
사이즈	サイズ		사이즈
소매	袖	そで	소데
옷깃	襟	えり	에리
옷자락	すそ		스소
주머니	ポケット		포켇또
단추	ボタン		보딴
지퍼	チャック		챡꾸
원단	布地	ぬのじ	누노지
옷감	服地	ふくじ	후꾸지
면	木綿	もめん	모멘
마	麻	あさ	아사
비단 / 실크	絹	きぬ	키누

가죽	革	かわ	카와
모피	毛皮	けがわ	케가와
털실	毛糸	けいと	케-또
실	糸	いと	이또
바늘	針	はり	하리
미싱	ミシン		미싱

일본의 옷 사이즈 표기

일본의 옷 사이즈 표기법은 한국과 다르므로 주의하자.

44 사이즈 → 7号 (ななごう)
55 사이즈 → 9号 (きゅうごう)
66 사이즈 → 11号 (じゅういちごう)
77 사이즈 → 13号 (じゅうさんごう)

허리 사이즈는 인치(inch)를 → cm로,
신발 사이즈는 mm를 → cm로 표기한다.

흰색	白	しろ	시로	❶
검정색	黒	くろ	쿠로	❷
회색	灰色	はいいろ	하이이로	❸
빨간색	赤	あか	아까	❹
분홍색	ピンク		핑꾸	❺
노란색	黄色	きいろ	키이로	❻
파란색	青	あお	아오	❼
하늘색	水色	みずいろ	미즈이로	❽
녹색	緑	みどり	미도리	❾
연두색	黄緑	きみどり	키미도리	❿
보라색	紫	むらさき	무라사끼	⓫
갈색	茶色	ちゃいろ	챠이로	⓬
금색	金色	きんいろ	킹이로	⓭
은색	銀色	ぎんいろ	깅이로	⓮

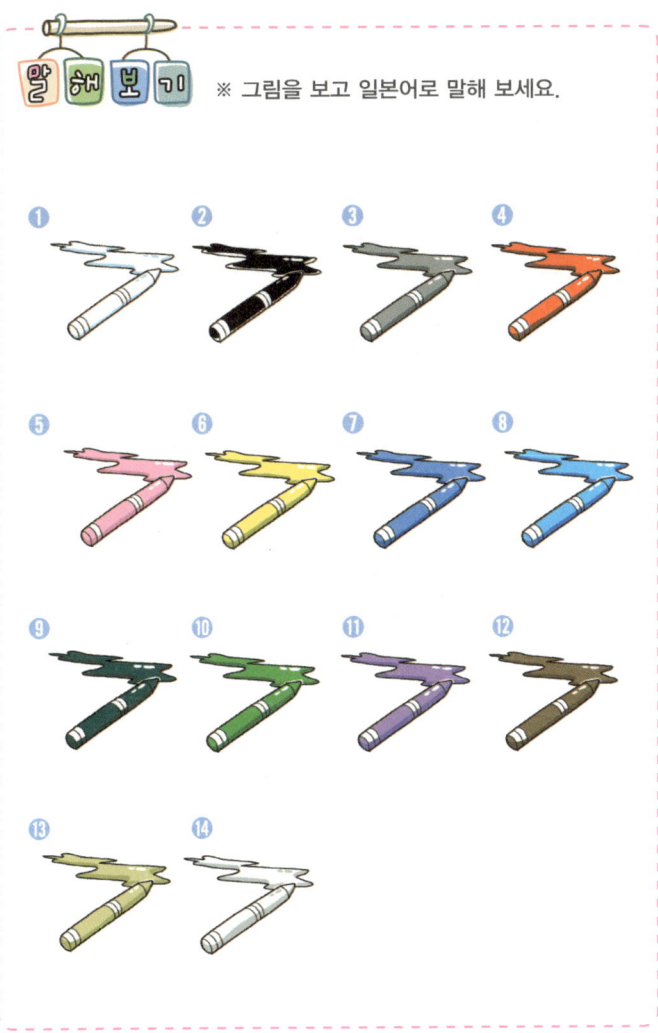

말해보기 ※ 그림을 보고 일본어로 말해 보세요.

❶ ❷ ❸ ❹

❺ ❻ ❼ ❽

❾ ❿ ⓫ ⓬

⓭ ⓮

1. 다음 그림을 보고 단어를 일본어로 쓰세요.

① 양복

② 와이셔츠

③ 바지

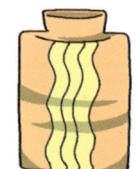
④ 스웨터

⑤ 기모노

⑥ 양말

2. 다음 그림에 맞는 일본어를 쓰세요.

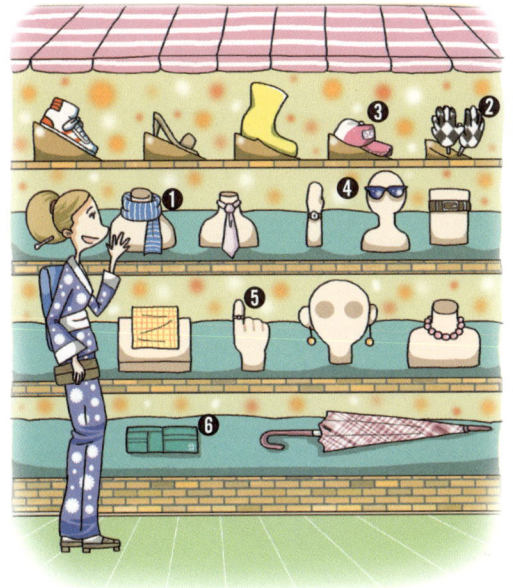

① 목도리

② 장갑

③ 모자

④ 안경

⑤ 반지

⑥ 지갑

3. 다음 단어에 맞는 일본어를 연결하세요.

① 면 •   • 針 (はり)

② 소매 •   • 綿 (めん)

③ 실 •   • サイズ

④ 바늘 •   • 糸 (いと)

⑤ 사이즈 •   • そで

4. 다음 색깔을 일본어로 쓰세요.

① 빨간색

② 노란색

③ 갈색

④ 흰색

⑤ 파란색

⑥ 검정색

PART **6** 식(食)

식사

식사	食事	しょくじ	쇼꾸지
음식	食物	たべもの	타베모노
아침밥	朝ごはん	あさごはん	아사고항
점심	昼ごはん	ひるごはん	히루고항
저녁밥	夕ごはん	ゆうごはん	유―고항
간식	おやつ		오야쯔
야식	夜食	やしょく	야쇼꾸
밥	ご飯	ごはん	고항
된장국	みそしる		미소시루
반찬	おかず		오까즈
요리	料理	りょうり	료―리
빵	パン		팡
면류	麺類	めんるい	멘루이
후식	デザート		데자―또
도시락	お弁当	おべんとう	오벤또―

맛

맛	味	あじ	아지
냄새	におい		니오이
소금	塩	しお	시오
후추	胡椒	こしょう	코쇼―
설탕	砂糖	さとう	사또―
간장	醤油	しょうゆ	쇼―유
된장	味噌	みそ	미소
식초	酢	す	스
생강	生姜	しょうが	쇼―가
마늘	ニンニク		닌니꾸
깨	胡麻	ごま	고마
기름	油	あぶら	아부라

맛

| 맛있다 | おいしい | 오이시- |

- カレーが おいしい。　　카레가 맛있다.
  카레-가 오이시-

| 맛없다 | まずい | 마즈이 |

- パンが まずい。　　빵이 맛없다.
  팡가 마즈이

| 달다 | 甘い　　　　あまい | 아마이 |

- お菓子が 甘い。　　과자가 달다.
  오까시가 아마이

| 맵다 | 辛い　　　　からい | 카라이 |

- キムチが 辛い。　　김치가 맵다.
  키무찌가 카라이

| 짜다 | 塩辛い　　　しおからい | 시오까라이 |

- 味噌汁が 塩辛い。　　된장국이 짜다.
  미소시루가 시오까라이

| 진하다 | 濃い　　　　こい | 코이 |

- 味が 濃い。　　맛이 진하다.
  아지가 코이

| 싱겁다 | 薄い | うすい | 우스이 |

• 味が 薄い。
아지가 우스이

맛이 싱겁다.

| 시다 | 酸っぱい | すっぱい | 습빠이 |

• 果物が 酸っぱい。
쿠다모노가 습빠이

과일이 시다.

| 쓰다 | 苦い | にがい | 니가이 |

• お酒が 苦い。
오사께가 니가이

술이 쓰다.

| 먹다 | 食べる | たべる | 타베루 |

• ご飯を 食べる。
고항오 타베루

밥을 먹다.

| 마시다 | 飲む | のむ | 노무 |

• コーヒーを 飲む。
코-히-오 노무

커피를 마시다.

| 요리하다 | 料理する | りょうりする | 료-리 스루 |

• お肉の 料理 する。
오니꾸노 료-리오 스루

고기 요리를 하다.

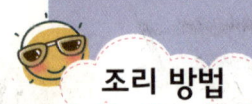

| 씻다 | 洗う　　　　あらう | 아라우 |

• 野菜を 洗う。
야사이오 아라우

야채를 씻다.

| 벗기다 | むく | 무꾸 |

• 皮を むく。
카와오 무꾸

껍질을 벗기다.

| 썰다 | 切る　　　　きる | 키루 |

• トマトを 切る。
토마또오 키루

토마토를 썰다.

| 섞다 | 混ぜる　　　まぜる | 마제루 |

• 材料を 混ぜる。
자이료—오 마제루

재료를 섞다.

| 반죽하다 | こねる | 코네루 |

• 小麦粉を こねる。
코무기꼬오 코네루

밀가루를 반죽하다.

| 굽다 | 焼く　　　　やく | 야꾸 |

• 魚を 焼く。
사까나오 야꾸

생선을 굽다.

| 삶다 | ゆでる | | 유데루 |

- 卵を ゆでる。
  타마고 유데루

달걀을 삶다.

| 조리다 | 煮る | にる | 니루 |

- かぼちゃを 煮る。
  카보차오 니루

호박을 조리다.

| 찌다 | 蒸す | むす | 무스 |

- シューマイを 蒸す。
  슈-마이오 무스

만두를 찌다.

| 짓다 | 炊く | たく | 타꾸 |

- ご飯を 炊く。
  고항오 타꾸

밥을 짓다.

| 튀기다 | 揚げる | あげる | 아게루 |

- てんぷらを 揚げる。
  템뿌라오 아게루

튀김을 튀기다.

| 볶다 | 炒める | いためる | 이따메루 |

- 肉を 炒める。
  니꾸오 이따메루

고기를 볶다.

야채

야채	野菜	やさい	야사이	
양파	たまねぎ		타마네기	❶
당근	にんじん		닌진	❷
감자	じゃがいも		자가이모	❸
무	大根	だいこん	다이꼰	❹
피망	ピーマン		피-망	❺
가지	なす		나스	❻
오이	きゅうり		큐-리	❼
토마토	トマト		토마또	❽
배추	白菜	はくさい	하꾸사이	❾
양배추	キャベツ		카베쯔	❿
시금치	ほうれん草	ほうれんそう	호-렌소-	⓫
파	ねぎ		네기	⓬
버섯	きのこ		키노꼬	⓭

※ 그림을 보고 일본어로 말해 보세요.

※ 1~13까지의 단어를 넣어 말해 보세요.

A
나니오 사시아게마쇼— 까
何を 差し上げましょうか。
なに さ あ
무엇을 드릴까요?

오쿠다사이
B [   ] をください。
_____ 를(을) 주세요.

과일

과일	果物	くだもの	쿠다모노	
귤	みかん		미깡	❶
사과	りんご		링고	❷
배	なし		나시	❸
감	柿	かき	카끼	❹
바나나	バナナ		바나나	❺
오렌지	オレンジ		오렌지	❻
레몬	レモン		레몬	❼
수박	すいか		스이까	❽
메론	メロン		메론	❾
포도	ブドウ		부도ー	❿
딸기	いちご		이찌고	⓫
복숭아	桃	もも	모모	⓬
밤	栗	くり	쿠리	⓭

 ※ 그림을 보고 일본어로 말해 보세요.

※ 1~13까지의 단어를 넣어 말해 보세요.

A 　　　　　을 どうぞ。
오　도 ― 조

_____를 드세요.

B わあ、おいしいですね。
와　오 이 시 ― 데 스 네

우와, 맛있네요.

돼지고기	豚肉	ぶたにく	부따니꾸	❶
소고기	牛肉	ぎゅうにく	규—니꾸	❷
닭고기	鶏肉	とりにく	토리니꾸	❸
고등어	さば		사바	❹
꽁치	さんま		삼마	❺
오징어	イカ		이까	❻
게	カニ		카니	❼
새우	エビ		에비	❽
조개	貝	かい	카이	❾
미역	ワカメ		와까메	❿
김	のり		노리	⓫
계란	卵	たまご	타마고	⓬
쌀	米	こめ	코메	⓭
밀가루	小麦粉	こむぎこ	코무기꼬	⓮
두부	豆腐	とうふ	토—후	⓯

※ 그림을 보고 일본어로 말해 보세요.

① ② ③

④ ⑤ ⑥

⑦ ⑧ ⑨

※ 1~15까지의 단어를 넣어 말해 보세요.

A
　　　　　　　　　　오 쿠 다 사 이
　　　　　　　　　をください。

_____를(을) 주세요.

B
　　하 이　마이도 아 리 가 또 - 고 자 이 마 스
はい、毎度ありがとうございます。
　　　　　　まいど

네, 매번 감사합니다.

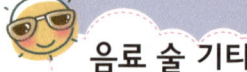

음료 술 기타

음료	飲み物	のみもの	노미모노
물	水	みず	미즈
차	お茶	おちゃ	오쨔
커피	コーヒー		코-히-
홍차	紅茶	こうちゃ	코-쨔
오렌지쥬스	オレンジジュース		오렌지쥬-스
사이다	サイダー		사이다-
콜라	コーラ		코-라
우유	牛乳	ぎゅうにゅう	규-뉴-
술	お酒	おさけ	오사께
소주	焼酎	しょうちゅう	쇼-쮸-
맥주	ビール		비-루
와인	ワイン		와인
위스키	ウイスキー		우이스끼-

1. 아래 밑줄 친 단어의 뜻을 쓰세요.

今日の^①朝ごはんは^②ご飯とお^③みそしるでした。^④昼ごはんは お^⑤弁当を食べました。

①

②

③

④

⑤

2. 다음 단어를 일본어로 쓰세요.

① 굽다

② 삶다

③ 조리다

④ 찌다

⑤ 짓다

⑥ 튀기다

⑦ 볶다

⑧ 썰다

3. 아래 단어를 일본어로 쓰세요.

① 김치가 맵다

② 밥을 먹다

③ 고기를 볶다

④ 토마토를 썰다

⑤ 생선을 굽다

⑥ 커피를 마시다

⑦ 호박을 조리다

4. 서로 맞는 단어를 연결하세요.

① 소금 •   • 醤油
                    しょう ゆ

② 설탕 •   • 胡椒
                    こ しょう

③ 후추 •   • 味噌
                    み そ

④ 된장 •   • 塩
                    しお

⑤ 식초 •   • 砂糖
                    さ とう

⑥ 간장 •   • 酢
                    す

PART **7** 주(住)

집

건물	建物	たてもの	타떼모노
단독	一戸建て	いっこだて	익꼬다떼
아파트	アパート		아빠—또
맨션	マンション		만숀
빌딩	ビル		비루
하숙	下宿	げしゅく	게슈꾸
기숙사	寮	りょう	료—
집주인	大家	おおや	오—야
집세	家賃	やちん	야찡
보증금	保証金	ほしょうきん	호쇼—낑
부동산	不動産屋	ふどうさんや	후도—상야
이사	引っ越し	ひっこし	힉꼬시

| 살다 | 住む | すむ | 스무 |

• アパートに住む。
아빠-또니 스무

아파트에 살다.

| 짓다 | 建てる | たてる | 타떼루 |

• ビルを建てる。
비루오 타떼루

빌딩을 짓다.

| 빌리다 | 借りる | かりる | 카리루 |

• 家を借りる。
이에오 카리루

집을 빌리다.

임대 계약

일본에는 우리 나라와 달리 전세가 없고 다달이 집세를 내는 월세
만 있다. 월세를 얻기 위해서는 2개월분의 보증금, 2개월분의 사례
금, 1개월분의 집세를 집주인에게 선불해야 하며, 1개월분의 집세
를 중개수수료로 중개인에게 지불하게 된다.

| 사례금 | 礼金 | 선불 집세 | 前払い家賃 |
| 보증금 | 敷金 | 중개수수료 | 仲介手数料 |

집

지붕	屋根	やね	야네	❶
옥상	屋上	おくじょう	오꾸죠-	❷
2층	2階	にかい	니까이	❸
지하	地下	ちか	치까	
베란다	ベランダ		베란다	❹
덧문	雨戸	あまど	아마도	❺
문	門	もん	몬	❻
담	塀	へい	헤-	❼
마당	庭	にわ	니와	❽
우물	井戸	いど	이도	
차고	車庫	しゃこ	샤꼬	❾
우편함	郵便受け	ゆうびんうけ	유-빙우께	❿
화단	花壇	かだん	카단	⓫

 ※ 그림을 보고 일본어로 말해 보세요.

집 내부

현관	玄関	げんかん	겡깡	❶
신발장	靴箱	くつばこ	쿠쯔바꼬	❷
문	ドア		도아	❸
창문	窓	まど	마도	❹
마루	床	ゆか	유까	❺
기둥	柱	はしら	하시라	
벽	壁	かべ	카베	
천장	天井	てんじょう	텐죠-	
복도	廊下	ろうか	로-까	❻
계단	階段	かいだん	카이단	❼
붙박이장	押し入れ	おしいれ	오시이레	❽
다다미	畳	たたみ	타따미	
부엌	台所	だいどころ	다이도꼬로	
거실	居間	いま	이마	❾
욕실	浴室	よくしつ	요꾸시쯔	❿

 ※ 그림을 보고 일본어로 말해 보세요.

38

MP3

싱크대	流し台	ながしだい	나가시다이	❶
가스렌지	ガスレンジ		가스렌지	❷
환풍기	換気扇	かんきせん	캉끼센	❸
냉장고	冷蔵庫	れいぞうこ	레-조-꼬	❹
전자렌지	電子レンジ	でんしレンジ	덴시렌지	❺
도마	まな板	まないた	마나이따	❻
칼	包丁	ほうちょう	호-쪼-	❼
국자	おたま		오따마	❽
주걱	しゃもじ		샤모지	❾
뚜껑	ふた		후따	❿
냄비	鍋	なべ	나베	⓫
후라이팬	フライパン		후라이빤	⓬
주전자	やかん		야깐	⓭
수도	水道	すいどう	스이도-	⓮

※ 그림을 보고 일본어로 말해 보세요.

부엌

식탁	食卓	しょくたく	쇼꾸따꾸	❶
전기밥솥	炊飯器	すいはんき	스이항끼	❷
토스터	トースター		토-스따-	❸
쟁반	おぼん		오봉	❹
행주	ふきん		후낀	❺
사발	どんぶり		돔부리	❻
접시	皿	さら	사라	❼
밥그릇	茶碗	ちゃわん	차왕	❽
컵	コップ		콥뿌	❾
숟가락	スプーン		스뿐-	❿
젓가락	箸	はし	하시	⓫
병따개	栓抜き	せんぬき	센누끼	⓬
앞치마	エプロン		에쁘론	
바구니	ざる		자루	

 ※ 그림을 보고 일본어로 말해 보세요.

일본의 녹차

일본의 3대 명차 : 색의 시즈오까　色の静岡

향의 우지　　　香りの宇治

맛의 아사야마　味の狭山

맛있는 차 우려내는 법

고급차는 저온으로 천천히(20~30초), 현미차는 고온으로 단시간에 (5초) 우려낸다.

시계	時計	とけい	토께ー	❶
화병	花瓶	かびん	카빈	❷
커튼	カーテン		카ー뗀	❸
카페트	じゅうたん		쥬ー딴	❹
소파	ソファー		소화ー	
텔레비전	テレビ		테레비	❺
오디오	オーディオ		오ー디오	❻
선풍기	扇風機	せんぷうき	셈뿌ー끼	❼
담배	たばこ		타바꼬	❽
라이터	ライター		라이따ー	❾
재떨이	灰皿	はいざら	하이자라	❿
방석	座布団	ざぶとん	자부똥	⓫
손톱깎기	爪切り	つめきり	츠메끼리	⓬
테이블	テーブル		테ー부루	⓭

※ 그림을 보고 일본어로 말해 보세요.

※ 1~13까지의 단어를 넣어 말해 보세요.

A
이 마 니 와 나니가 아 리 마 스 까
居間には 何が ありますか。
い ま　　　　　なに

거실에는 무엇이 있습니까?

B
가 아 리 마 스
　　　　　　　　が あります。

＿＿＿＿ 이(가) 있습니다.

방

옷장 / 장농	たんす		탄스	❶
붙박이장	押し入れ	おしいれ	오시이레	
라디오	ラジオ		라지오	❷
화장대	鏡台	きょうだい	쿄-다이	❸
화장품	化粧品	けしょうひん	케쇼-힌	❹
빗	くし		쿠시	❺
에어컨	クーラー		쿠-라-	❻
쓰레기통	ゴミ箱	ごみばこ	고미바꼬	❼
침대	ベット		벳또	❽
이불	布団	ふとん	후똥	❾
베개	枕	まくら	마꾸라	❿
담요	毛布	もうふ	모-후	
책장	本棚	ほんだな	혼다나	⓫
서랍	引き出し	ひきだし	히끼다시	⓬

 ※ 그림을 보고 일본어로 말해 보세요.

※ 1~12까지의 단어를 넣어 말해 보세요.

아 나 따 노   헤 야 니 와   나 니 가   아 리 마 스   까
A あなたの 部屋には 何が ありますか。
へ　や　　　なに
당신의 방에는 무엇이 있습니까?

　　　　　　　　　　가 아 리 마 스
B [　　　　　]があります。
_____ 가(이) 있습니다.

목욕탕	風呂場	ふろば	후로바	❶
화장실	トイレ		토이레	❷
	お手洗い	おてあらい	오떼아라이	❸
거울	鏡	かがみ	카가미	❹
칫솔	歯ブラシ	はぶらし	하부라시	❺
치약	歯磨き粉	はみがきこ	하미가끼꼬	❻
드라이어	ドライヤー		도라이야—	❼
타월	タオル		타오루	❽
샴푸	シャンプー		샴뿌—	❾
린스	リンス		린스	❿
비누	石けん	せっけん	섹껜	⓫
샤워	シャワー		샤와—	⓬
면도칼	カミソリ		카미소리	⓭
휴지	トイレットペーパー		토이렏또 뻬—빠—	⓮

 ※ 그림을 보고 일본어로 말해 보세요.

① 목욕탕
② ③
④ ⑤ ⑥ ⑦
⑧ ⑨ 샴푸 ⑩ 린스 ⑪
⑫ ⑬ ⑭

※ 1~14까지의 단어를 넣어 말해 보세요.

A

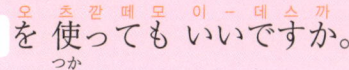

　　　　　오　츠카   떼모   이 - 데스 까
　　　　　を 使っても いいですか。
　　　　　　　　つか

_____를(을) 사용해도 됩니까?

B
하 이　　도 - 조
はい、どうぞ。
네. 괜찮습니다.

세탁기	洗濯機	せんたくき	센따꾸끼
세제	洗剤	せんざい	센자이
빨래 집게	洗濯ばさみ	せんたくばさみ	센따꾸바사미
대야	たらい		타라이
수세미	たわし		타와시
비	ほうき		호ー끼
쓰레받기	ちり取り	ちりとり	치리또리
걸레	雑巾	ぞうきん	조ー낀
바케츠	バケツ		바께쯔
고무장갑	ゴム手袋	ゴムてぶくろ	고무떼부꾸로
청소기	掃除機	そうじき	소ー지끼

43 MP3

씻다	洗う	あらう	아라우

• 顔(かお)を 洗(あら)う。 얼굴을 씻다.
카오오 아라우

닦다	磨く	みがく	미가꾸

• 歯(は)を 磨(みが)く。 이를 닦다.
하오 미가꾸

빗다	とかす	토까스

• 髪(かみ)を とかす。 머리를 빗다.
카미오 토까스

깎다	そる	소루

• ひげを そる。 수염을 깎다.
히게오 소루

쓸다	掃く	はく	하꾸

• 庭(にわ)を 掃(は)く。 정원을 쓸다.
니와오 하꾸

닦다	拭く	ふく	후꾸

• 床(ゆか)を 拭(ふ)く。 마루를 닦다.
유까오 후꾸

1. 그림을 보고 단어를 일본어로 쓰세요.

① 선풍기   ② 시계   ③ 라디오

④ 테이블   ⑤ 재떨이   ⑥ 방석

2. 그림에 맞는 단어를 연결하세요.

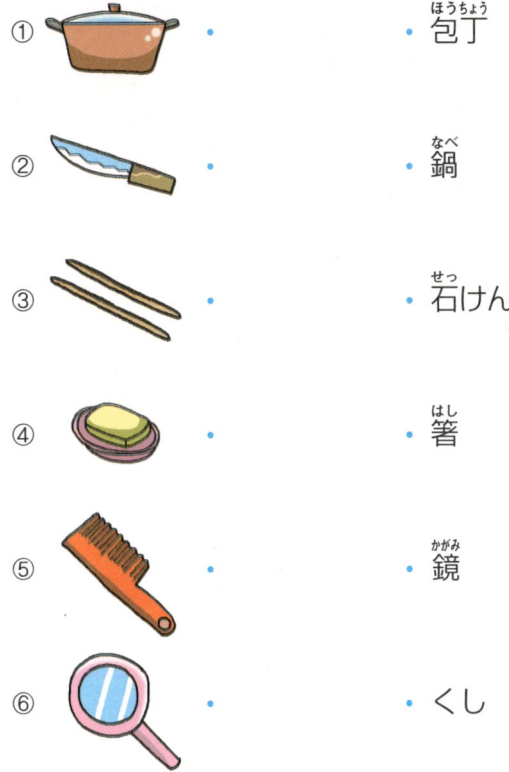

① ・ ・ <ruby>包丁<rt>ほうちょう</rt></ruby>

② ・ ・ <ruby>鍋<rt>なべ</rt></ruby>

③ ・ ・ <ruby>石<rt>せっ</rt></ruby>けん

④ ・ ・ <ruby>箸<rt>はし</rt></ruby>

⑤ ・ ・ <ruby>鏡<rt>かがみ</rt></ruby>

⑥ ・ ・ くし

3. 다음 문장을 일본어로 쓰세요.

① 얼굴을 씻다

② 이를 닦다

③ 머리를 빗다

④ 수염을 깎다

⑤ 마당을 쓸다

⑥ 바닥을 닦다

PART **8** 가족과 인간관계

할아버지	おじいさん		오지-상	❶
	祖父	そふ	소후	❷
할머니	おばあさん		오바-상	❸
	祖母	そぼ	소보	❹
아버지	お父さん	おとうさん	오또-상	❺
	父	ちち	치찌	❻
어머니	お母さん	おかあさん	오까-상	❼
	母	はは	하하	❽
형 / 오빠	お兄さん	おにいさん	오니-상	❾
	兄	あに	아니	❿
누나 / 언니	お姉さん	おねえさん	오네-상	⓫
	姉	あね	아네	⓬
남동생	弟さん	おとうとさん	오또-또상	⓭
	弟	おとうと	오또-또	⓮
여동생	妹さん	いもうとさん	이모-또상	⓯
	妹	いもうと	이모-또	⓰

자신의 가족을 다른 사람에게 말할 때는 짝수 번호로 부름.

※ 그림을 보고 일본어로 말해 보세요.

단어를 넣어 말해 보세요.(②④⑥⑧⑩⑫⑭⑯)

고 노 히또 와 와따시 노 　　　　　데 스
この 人は 私の [　　　　]です。
　　ひと　　わたし

이 사람은 나의 _____입니다.

단어를 넣어 말해 보세요.(①③⑤⑦⑨⑪⑬⑮)

고 노 까따 와 아나따노 　　　　　데 스 까
この 方は あなたの [　　　　]ですか。
　　かた

이 분은 당신의 _____입니까?

가족

가족	家族	かぞく	카조꾸
부부	夫婦	ふうふ	후–후
부모	父母	ふぼ	후보
	両親	りょうしん	료–싱
남편	夫	おっと	옫또
아내	妻	つま	츠마
나	私	わたし	와따시
	僕	ぼく	보꾸
아들	息子	むすこ	무스꼬
딸	娘	むすめ	무스메
형제	兄弟	きょうだい	쿄–다이
자매	姉妹	しまい	시마이
쌍둥이	双子	ふたご	후따고
손자	孫	まご	마고

일가 / 친척	身内	みうち	미우찌
	親戚	しんせき	신세끼
타인	他人	たにん	타닌
큰(작은)아버지 / 외삼촌	おじ		오지
고모 / 이모	おば		오바
조카	甥	おい	오이
조카딸	姪	めい	메이
사촌	いとこ		이또꼬
시아버지	しゅうと		슈-또
시어머니	しゅうとめ		슈-또메
며느리	嫁	よめ	요메
사위	婿	むこ	무꼬

인간	人間	にんげん	닝겐
개인	個人	こじん	코진
남성	男性	だんせい	단세―
여성	女性	じょせい	죠세―
친구	友達	ともだち	토모다찌
애인	恋人	こいびと	코이비도
아는 사람	知り合い	しりあい	시리아이
상사	上司	じょうし	죠―시
동료	同僚	どうりょう	도―료―
선배	先輩	せんぱい	셈빠이
후배	後輩	こうはい	코―하이
아저씨	おじさん		오지상
아주머니	おばさん		오바상
독신	独身	どくしん	도꾸신
미혼	未婚	みこん	미꼰

기혼	既婚	きこん	키꼰
어른	大人	おとな	오또나
어린이	子供	こども	코도모
아기 / 갓난아기	赤ちゃん	あかちゃん	아까쨩
소년	少年	しょうねん	쇼-넹
소녀	少女	しょうじょ	쇼-죠
젊은이	若者	わかもの	와까모노
노인	老人	ろうじん	로-진
자기 자신	自分自身	じぶんじしん	지분지신

おじさん　おばさん

일본에서 큰아버지, 삼촌, 이모, 고모 등의 호칭이 따로 없다. 친척 뿐만 아니라 친척이 아닌 사람도 おじさん,おばさん 이라고 부른다.

おじさん : 큰(작은)아버지, 고모부, 이모부, 삼촌, 아저씨
おばさん : 큰(작은)어머니, 고모, 이모, 외숙모, 아주머니

| 만나다 | 会う | あう | 아우 |

• 友達に 会う。
토모다찌니 아우

친구를 만나다.

| 헤어지다 | 別れる | わかれる | 와까레루 |

• 恋人と 別れる。
코이비또또 와까레루

애인과 헤어지다.

| 사귀다 | 付き合う | つきあう | 츠끼아우 |

• 彼と 付き合う。
카레또 츠끼아우

그 남자와 사귀다.

| 초대하다 | 招待する | しょうたいする | 쇼–따이스루 |

• 先生を 招待する。
센세–오 쇼–따이스루

선생님을 초대하다.

| 방문하다 | 訪問する | ほうもんする | 호–몬스루 |

• 彼女の 家を 訪問する。
카노죠노 이에오 호–몬스루

그녀의 집을 방문하다.

| 사과하다 | 謝る | あやまる | 아야마루 |

• 母に 謝る。
하하니 아야마루

엄마에게 사과하다.

MP3 45

꾸짖다	責める　　せめる	세메루

• 弟(おとうと)を 責(せ)める。　　남동생을 꾸짖다.
오또-또오 세메루

질투하다	嫉妬する　　しっとする	싣또스루

• 彼(かれ)に 嫉妬(しっと)する。　　그 남자에게 질투하다.
카레니 싣또스루

싸우다	喧嘩する　　けんかする	켕까스루

• 彼女(かのじょ)と 喧嘩(けんか)する。　　그녀와 싸우다.
카노죠또 켕까수루

의심하다	疑う　　うたがう	우따가우

• 彼(かれ)を 疑(うたが)う。　　그를 의심하다.
카레오 우따가우

일생	一生	いっしょう	잇쇼ー
사춘기	思春期	ししゅんき	시슌끼
청춘	青春	せいしゅん	세ー슌
결혼식	結婚式	けっこんしき	켁꼰시끼
육아	子育て	こそだて	코소다떼
환갑	還暦	かんれき	칸레끼
장례식	葬式	そうしき	소ー시끼
무덤	墓	はか	하까
유언	遺言	ゆいごん	유이곤
나이	年	とし	토시
기회	機会	きかい	키까이
생일	誕生日	たんじょうび	탄죠ー비
축하	お祝い	おいわい	오이와이

살다	生きる	いきる	이끼루
태어나다	生まれる	うまれる	우마레루
자라다	育つ	そだつ	소다쯔
연애하다	恋する	こいする	코이스루
약혼하다	婚約する	こんやくする	콘야꾸스루
결혼하다	結婚する	けっこんする	켁꼰스루
이혼하다	離婚する	りこんする	리꼰스루
낳다	産む	うむ	우무
나이를 먹다	年をとる	としをとる	토시오 토루
죽다	死ぬ	しぬ	시누
돌아가시다	亡くなる	なくなる	나꾸나루
성공하다	成功する	せいこうする	세-꼬-스루
실패하다	失敗する	しっぱいする	십빠이스루

1. 서로 맞는 단어끼리 연결하세요.

① 남편 • • 女性 _{じょせい}

② 아들 • • 大人 _{おとな}

③ 친구 • • 同僚 _{どうりょう}

④ 여성 • • 夫 _{おっと}

⑤ 동료 • • 息子 _{むすこ}

⑥ 후배 • • 友達 _{ともだち}

⑦ 어른 • • 後輩 _{こうはい}

2. 밑줄 친 단어를 일본어로 쓰세요.

① 남자친구하고 헤어지다

② 집으로 초대하다

③ 회사를 방문하다

④ 동생하고 싸우다

⑤ 할아버지가 돌아가시다

PART 9 학교

교육	教育	きょういく	쿄-이꾸	
학교	学校	がっこう	각꼬-	
학년	学年	がくねん	가꾸넨	
학기	学期	がっき	각끼	
전공	専攻	せんこう	셍꼬-	
어린이집	保育園	ほいくえん	호이꾸엔	
유치원	幼稚園	ようちえん	요-찌엔	❶
초등학교	小学校	しょうがっこう	쇼-각꼬-	❷
중학교	中学校	ちゅうがっこう	츄-각꼬-	❸
고등학교	高等学校	こうとうがっこう	코-또-각꼬-	❹
	高校	こうこう	코-꼬-	❹
대학	大学	だいがく	다이가꾸	❺
대학원	大学院	だいがくいん	다이가꾸잉	

※ 그림을 보고 일본어로 말해 보세요.

※ 1~5까지의 단어를 넣어 말해 보세요.

A
니 뉴-가꾸 뉴엔 시 마 스
に 入学(入園)します。
にゅうがく にゅうえん

_____에 입학(입원)합니다.

B
오 소쯔교- 시 마 스
を 卒業します。
そつぎょう

_____를(을) 졸업합니다.

교실	教室	きょうしつ	쿄-시쯔	❶
선생님	先生	せんせい	센세-	❷
학생	学生	がくせい	각세-	❸
교과서	教科書	きょうかしょ	쿄-까쇼	❹
노트	ノート		노-또	❺
연필	鉛筆	えんぴつ	엠삐쯔	❻
지우개	消しゴム	けしゴム	케시고무	❼
볼펜	ボールペン		보-루뼁	❽
필통	筆箱	ふでばこ	후데바꼬	❾
칠판	黒板	こくばん	코꾸방	❿
책상	机	つくえ	츠꾸에	⓫
의자	椅子	いす	이스	⓬
컴퓨터	コンピューター		콤쀼-따-	⓭

※ 그림을 보고 일본어로 말해 보세요.

❶

※ 4~13까지의 단어를 넣어 말해 보세요.

A 　これは 何ですか。
　　　코 레 와　난 데 스 까
　　　　　　なん
　　　이것은 무엇입니까?

B 　[　　　　　　]です。
　　　　　　　　　 데 스
　　　_____입니다.

Part 9 학교 _155

그림물감	絵の具	えのぐ	에노구	❶
붓	筆	ふで	후데	❷
가위	はさみ		하사미	❸
풀	のり		노리	❹
스카치테이프	セロハンテープ		세로한떼~뿌	❺
칼	カッター		칻따~	❻
스테플러	ホッチキス		홋찌끼스	❼
압핀	画びょう	がびょう	가뵤~	❽
자	定規	じょうぎ	죠~기	❾
색종이	おり紙	おりがみ	오리가미	❿
클립	クリップ		크립뿌	⓫
도화지	画用紙	がようし	가요~시	⓬

 ※ 그림을 보고 일본어로 말해 보세요.

※ 1~12까지의 단어를 넣어 말해 보세요.

A _____ 와 도 꼬 니 아 리 마 스 까 は どこに ありますか。

_____는(은) 어디에 있습니까?

B 코 꼬 니 아 리 마 스
ここに あります。

여기에 있습니다.

수업	授業	じゅぎょう	쥬교-
시험	テスト		테스또
성적	成績	せいせき	세-세끼
학점	単位	たんい	탄이
숙제	宿題	しゅくだい	슈꾸다이
예습	予習	よしゅう	요슈-
복습	復習	ふくしゅう	후꾸슈-
연습	練習	れんしゅう	렌슈-
출석	出席	しゅっせき	슛세끼
결석	欠席	けっせき	켓세끼
소풍	遠足	えんそく	엔소꾸
여름방학	夏休み	なつやすみ	나쯔야스미
겨울방학	冬休み	ふゆやすみ	후유야스미
봄방학	春休み	はるやすみ	하루야스미

운동장	運動場	うんどうじょう	운도-죠-
체육관	体育館	たいいくかん	타이이꾸깐
강당	講堂	こうどう	코-도-
도서관	図書館	としょかん	토쇼깐

일본의 학기

일본 학교는 4월에 학기가 시작된다.

1학기	1学期	4월8일~7월20일경
여름방학	夏休み	7월21일~8월말경
2학기	2学期	9월~12월22일경
겨울방학	冬休み	12월23일~1월7일경
3학기	3学期	1월8일~3월24일경
봄방학	春休み	3월25일~4월7일경

시간표	時間割り	じかんわり	지깡와리	❶
영어	英語	えいご	에-고	❷
수학	数学	すうがく	스-가꾸	❸
국어	国語	こくご	코꾸고	❹
사회	社会	しゃかい	샤까이	❺
과학	科学	かがく	카가꾸	❻
음악	音楽	おんがく	옹가꾸	❼
체육	体育	たいいく	타이이꾸	❽
역사	歴史	れきし	레끼시	❾
미술	美術	びじゅつ	비쥬쯔	❿
기술	技術	ぎじゅつ	기쥬쯔	⓫
가정	家庭	かてい	카떼-	⓬
지리	地理	ちり	치리	⓭
도덕	道徳	どうとく	도-또꾸	⓮
클럽활동	クラブ活動	クラブかつどう	쿠라브까쯔도-	⓯

 ※ 그림을 보고 일본어로 말해 보세요.

시간표❶

	월	화	수	목	금
1	도덕 ⑭	국어 ④	과학 ⑥	사회 ⑤	영어
2	수학 ③	지리	영어	국어	과학
3	미술 ⑩	영어 ②	기술 ⑪	역사	가정 ⑫
4	미술	사회	기술	음악 ⑦	가정
점심시간				
5	지리 ⑬	역사 ⑨	체육 ⑧	수학	체육
6	클럽활동 ⑮		수학		

※ 단어를 넣어 말해 보세요.

A ⟦ 요우비노 ⟧ 曜日の ⟦ 지깐메와 ⟧ 時間目は ⟦ 데스 ⟧ です。
　　　ようび　　　　じかんめ

_____ 요일의 _____ 교시는 _____입니다.

| 시작되다 | 始まる | はじまる | 하지마루 |

• 授業が 始まる。
쥬교-가 하지마루

수업이 시작되다.

| 끝나다 | 終わる | おわる | 오와루 |

• テストが 終わる。
테스또가 오와루

시험이 끝나다.

| 가르치다 | 教える | おしえる | 오시에루 |

• 勉強を 教える。
벵꾜-오 오시에루

공부를 가르치다.

| 배우다 | 習う | ならう | 나라우 |

• 漢字を 習う。
칸지오 나라우

한자를 배우다.

| 공부하다 | 勉強する | べんきょうする | 벵꾜-스루 |

• 学校で 勉強する。
각꼬-데 벵꾜-스루

학교에서 공부하다.

| 질문하다 | 質問する | しつもんする | 시쯔몬스루 |

• 先生に 質問する。
센세-니 시쯔몬스루

선생님께 질문하다.

| 대답하다 | 答える | こたえる | 코따에루 |

• 問題に 答える。
몬だいに こた
몬다이니 코따에루

문제에 답하다.

| 쉽다 / 간단하다 | 易しい/簡単だ | やさしい/かんたんだ | 야사시-/칸딴다 |

• 試験が 簡単だ。
しけん かんたん
시껜가 칸딴다

시험이 쉽다.

| 어렵다 | 難しい | むずかしい | 무즈까시- |

• 計算が 難しい。
けいさん むずか
케-산가 무즈까시-

계산이 어렵다.

| 입학하다 | 入学する | にゅうがくする | 뉴-가꾸스루 |

• 中学に 入学する。
ちゅうがく にゅうがく
츄-가꾸니 뉴-가꾸스루

중학교에 입학하다.

| 졸업하다 | 卒業する | そつぎょうする | 소쯔교-스루 |

• 高校を 卒業する。
こうこう そつぎょう
코-꼬-오 소쯔교-스루

고등학교를 졸업하다.

1. 서로 맞는 단어를 연결하세요.

① 중학교   •   • 高校 / 高等学校
                              こうこう こうとうがっこう

② 어린이집   •   • 大学
                              だいがく

③ 대학   •   • 幼稚園
                              よう ち えん

④ 유치원   •   • 小学校
                              しょうがっこう

⑤ 고등학교   •   • 中学校
                              ちゅうがっこう

⑥ 초등학교   •   • 保育園
                              ほ いくえん

2. 다음 단어의 뜻을 한국어로 쓰세요

① 復習
   ふくしゅう

② 宿題
   しゅくだい

③ 授業
   じゅぎょう

④ 出席
   しゅっせき

⑤ 成績
   せいせき

⑥ 練習
   れんしゅう

3. 그림을 보고 일본어로 쓰세요.

① 붓

② 가위

③ 풀

④ 스카치 테이프

⑤ 칼

⑥ 스테플러

⑦ 자

⑧ 색종이

⑨ 클립

실력확인

4. ①~⑥를 일본어로 쓰세요.

시간표

	월	화	수
1교시	수학 ①	음악	도덕
2교시	영어	지리 ③	기술
3교시	국어 ②	사회 ④	역사 ⑤
4교시	미술	과학	체육 ⑥

① ⬜⬜⬜⬜⬜   ② ⬜⬜⬜⬜⬜

③ ⬜⬜⬜⬜⬜   ④ ⬜⬜⬜⬜⬜

⑤ ⬜⬜⬜⬜⬜   ⑥ ⬜⬜⬜⬜⬜

PART **10** 직장

직업

경찰관	警察官	けいさつかん	케-사쯔깐	❶
소방관	消防士	しょうぼうし	쇼-보-시	❷
회사원	会社員	かいしゃいん	카이샤잉	❸
요리사	コック		콕꾸	❹
미용사	美容師	びようし	비요-시	❺
정치가	政治家	せいじか	세-지까	❻
화가	画家	がか	가까	❼
재판관	裁判官	さいばんかん	사이방깐	❽
운전기사	運転手	うんてんしゅ	운뗀슈	❾
의사	医者	いしゃ	이샤	❿
간호사	看護婦	かんごふ	캉고후	⓫
음악가	音楽家	おんがくか	옹각까	⓬
가수	歌手	かしゅ	카슈	⓭

 ※ 그림을 보고 일본어로 말해 보세요.

① ③ ④
⑩ ⑪ ⑬

※ 1~13까지의 단어를 넣어 말해 보세요.

A
아 나 따 와 쇼-라이 나니니 나 리 따 이 데 스 까
あなたは 将来 何に なりたいですか。
　　　　しょうらい なに

당신은 장래 무엇이 되고 싶습니까?

B
와따시 와　　　　　　　　　　니 나 리 따 이 데 스
私は、 _____に なりたいです。
わたし

저는 _____이(가) 되고 싶습니다.

일	仕事	しごと	시고또
아르바이트	アルバイト		아루바이또
월급	給料	きゅうりょう	큐-료-
보너스	ボーナス		보-나스
거래처	取引先	とりひきさき	토리히끼사끼
고객	顧客	こきゃく	코꺄꾸
상품	商品	しょうひん	쇼-힌
견본	見本	みほん	미홍
샘플	サンプル		삼뿌루
회의	会議	かいぎ	카이기
찬성	賛成	さんせい	산세-
반대	反対	はんたい	한따이
자료	資料	しりょう	시료-
서류	書類	しょるい	쇼루이

사장	社長	しゃちょう	샤쬬ー
상무	常務	じょうむ	죠ー무
전무	専務	せんむ	셈무
부장	部長	ぶちょう	부쬬ー
차장	次長	じちょう	지쬬ー
과장	課長	かちょう	카쬬ー
계장	係長	かかりちょう	카까리쬬ー
주임	主任	しゅにん	슈닝
지배인	支配人	しはいにん	시하이닝
점장	店長	てんちょう	텐쬬ー
비서	秘書	ひしょ	히쇼
사무원	事務員	じむいん	지무잉
신입사원	新入社員	しんにゅうしゃいん	신뉴ー샤잉

직장생활

| 담당하다 | 担当する | たんとうする | 탄또–스루 |

• 人事を 担当する。
　じんじ　たんとう
진지오 탄또–스루

인사를 담당하다.

| 보고하다 | 報告する | ほうこくする | 호–꼬꾸스루 |

• 売り上げを 報告する。
　う　あ　　　ほうこく
우리아게오 호–꼬꾸스루

매상을 보고하다.

| 지각하다 | 遅刻する | ちこくする | 치꼬꾸스루 |

• 会社に 遅刻する。
　かいしゃ　ちこく
카이샤니 치꼬꾸스루

회사에 지각하다.

| 조퇴하다 | 早退する | そうたいする | 소–따이스루 |

• 会社を 早退する。
　かいしゃ　そうたい
카이샤오 소–따이스루

회사를 조퇴하다.

| 잔업하다 | 残業する | ざんぎょうする | 잔교–스루 |

• 遅くまで 残業する。
　おそ　　　　ざんぎょう
오소꾸마데 잔교–스루

늦게까지 잔업하다.

| 출장가다 | 出張する | しゅっちょうする | 슛쬬–스루 |

• 東京へ 出張する。
　とうきょう　しゅっちょう
토–꾜–에 슛쬬–스루

동경에 출장가다.

| 논의하다 | 話し合う | はなしあう | 하나시아우 |

• スケジュールについて 話し合う。
스께쥬-루니 츠이떼 하나시아우

일정에 관해 논의하다.

| 설명하다 | 説明する | せつめいする | 세쯔메-스루 |

• 商品を 説明する。
쇼-힝오 세쯔메-스루

상품을 설명하다.

| 제안하다 | 提案する | ていあんする | 테-안스루 |

• 議題を 提案する。
기다이오 테-안스루

의제를 제안하다.

| 제출하다 | 提出する | ていしゅつする | 테-슈쯔스루 |

• 報告書を 提出する。
호-꼬꾸쇼오 테-슈쯔스루

보고서를 제출하다.

| 의견을 말하다 | 意見を言う | いけんをいう | 이껭오 이우 |

• 自分の 意見を 言う。
지분노 이껭오 이우

자신의 의견을 말하다.

| 결정하다 | 決定する | けっていする | 켇떼-스루 |

• 会議で 決定する。
카이기데 켇떼-스루

회의에서 결정하다.

1. 그림을 보고 일본어로 쓰세요.

① 경찰관

② 회사원

③ 요리사

④ 의사

⑤ 간호사

⑥ 가수

2. 다음 단어의 뜻을 쓰세요.

① アルバイト

② 取引先
  とりひきさき

③ 商品
  しょうひん

④ 課長
  か ちょう

⑤ 新入社員
  しんにゅうしゃいん

⑥ 担当する
  たんとう

3. 서로 맞는 단어끼리 연결하세요.

① 회의 •   • 部長
                      ぶ ちょう

② 서류 •   • 仕事
                      し ごと

③ 사장 •   • 事務員
                      じ む いん

④ 부장 •   • 会議
                      かい ぎ

⑤ 일 •   • 社長
                      しゃちょう

⑥ 사무원 •   • 書類
                      しょるい

4. 밑줄 친 단어를 일본어로 쓰세요.

① 내용을 <u>보고하다.</u>
内容を ＿＿＿＿＿＿。
<small>ないよう</small>

② 일정에 관해 <u>논의하다.</u>
スケジュールについて ＿＿＿＿＿＿。

③ 일이 많아서 <u>잔업하다.</u>
仕事が多くて ＿＿＿＿＿＿。
<small>し ごと　おお</small>

④ 보고서를 <u>제출하다.</u>
報告書を ＿＿＿＿＿＿。
<small>ほうこくしょ</small>

⑤ 의견을 <u>말하다.</u>
意見を ＿＿＿＿＿＿。
<small>い けん</small>

PART **11** 일상생활

하루

일어나다	起きる	おきる	오끼루	❶
식사하다	食事する	しょくじする	쇼꾸지스루	❷
정리하다	片付ける	かたづける	가따즈께루	❸
화장실에 가다	トイレに行く	トイレにいく	토이레니 이꾸	❹
청소하다	掃除する	そうじする	소-지스루	❺
세탁하다	洗濯する	せんたくする	센따꾸스루	❻
외출하다	外出する	がいしゅつする	가이슈쯔스루	❼
	出かける	でかける	데까께루	❽
쇼핑하다	買い物する	かいものする	카이모노스루	❾
일하다	働く	はたらく	하따라꾸	❿
배우다	学ぶ	まなぶ	마나부	⓫
놀다	遊ぶ	あそぶ	아소부	⓬
돌아오다	帰る	かえる	카에루	⓭
자다	寝る	ねる	네루	⓮

 ※ 그림을 보고 일본어로 말해 보세요.

① ② ③

④ ⑤ ⑥

⑦ / ⑧ ⑩ ⑪

⑬ ⑭

| 산책하다 | 散歩する | さんぽする | 삼뽀스루 |

- 公園を 散歩する。
  코-엔오 삼뽀스루

공원을 산책하다.

| 쉬다 | 休む | やすむ | 야스무 |

- ソファーで 休む。
  소화-데 야스무

소파에서 쉬다.

| 꿈을 꾸다 | 夢を見る | ゆめをみる | 유메오미루 |

- 怖い夢を 見る。
  코와이 유메오 미루

무서운 꿈을 꾸다.

| 바쁘다 | 忙しい | いそがしい | 이소가시- |

- 仕事で 忙しい。
  시고또데 이소가시-

일때문에 바쁘다.

| 한가하다 | 暇だ | ひまだ | 히마다 |

- 休みの日は 暇だ。
  야스미노히와 히마다

쉬는 날은 한가하다.

| 말하다 | 話す | はなす | 하나스 |

- 日本語で 話す。
  니홍고데 하나스

일본어로 말하다.

보살피다	世話をする　　せわをする	세와오스루

- 子供の 世話をする。
  코도모노 세와오 스루

아이를 보살피다.

부탁하다	頼む　　　　　たのむ	타노무

- 家事を 頼む。
  카지오 타노무

가사일을 부탁하다.

기다리다	待つ　　　　　まつ	마쯔

- 友達を 待つ。
  토모다찌오 마쯔

친구를 기다리다.

축하하다	祝う　　　　　いわう	이와우

- 誕生日を 祝う。
  탄죠-비오 이와우

생일을 축하하다.

오다	来る　　　　　くる	쿠루

- お客さんが 来る。
  오꺄꾸상가 쿠루 .

손님이 오다

가다	行く　　　　　いく	이꾸

- 実家に 行く。
  직까니 이꾸

친정에 가다.

| 생각하다 | 思う | おもう | 오모우 |

• 行こうと 思う。
이꼬—또 오모우

가려고 생각하다.

| | 考える | かんがえる | 캉가에루 |

• 環境に ついて 考える。
캉꾜—니 츠이떼 캉가에루

환경에 대해서 생각하다.

| 잊다 | 忘れる | わすれる | 와스레루 |

• 本を 家に 忘れる。
홍오 이에니 와스레루

책을 집에 놓고 오다.

| 생각나다 | 思い出す | おもいだす | 오모이다스 |

• 約束を 思い出す。
야꾸소꾸오 오모이다스

약속이 생각나다.

| 기억하다 | 覚える | おぼえる | 오보에루 |

• 単語を 覚える。
탕고오 오보에루

단어를 외우다.

| 이해하다 | 理解する | りかいする | 리까이스루 |

• 立場を 理解する。
다찌바오 리까이스루

입장을 이해하다.

| 오해하다 | 誤解する | ごかいする | 고까이스루 |

• 相手を 誤解する。
あいて ごかい
아이떼오 고까이스루

상대를 오해하다.

| 착각하다 | 錯覚する | さっかくする | 삭까꾸스루 |

• 日にちを 錯覚する。
ひ さっかく
히니찌오 삭까꾸스루

날짜를 착각하다.

| 틀리다 | 間違う | まちがう | 마찌가우 |

• 問題を 間違う。
もんだい まちが
몬다이오 마찌가우

문제를 틀리다.

| 흥미를 갖다 | 興味を持つ | きょうみをもつ | 쿄-미오모쯔 |

• 手芸に 興味を 持つ。
しゅげい きょうみ も
슈게-니 쿄-미오 모쯔

수공예에 흥미를 갖다.

「思う」와 「考える」

思う
머릿속, 마음 속에 떠오르거나 느끼는 생각. 「考える」보다 직관적이고 정서적인 주장, 의견에 붙어서 부드러운 표현을 만든다.

考える
지식이나 감각 등을 바탕로 어떤 사항을 조리있게 판단 하는 지적인 두뇌 활동으로 결론을 내려고 하는 목적 의식이 강하게 드러난다. 공부나 연구 등에는 「考える」를 많이 쓴다.

감각과 지각

| 알다 | 知る | しる | 시루 |

• ニュースで 事件を 知った。　뉴스를 통해 사건을 알았다.
じけん
뉴ー스데 지껭오 싣따

| | わかる | | 와까루 |

• 問題の 解き方が わかる。　문제 풀이법을 알다.
もんだい と かた
몬다이노 토끼까따가 와까루

| 상상하다 | 想像する | そうぞうする | 소ー조ー스루 |

• 未来を 想像する。　미래를 상상하다.
み らい そうぞう
미라이오 소ー조ー스루

| 찾다 | 探す | さがす | 사가스 |

• かばんを 探す。　가방을 찾다.
さが
카방오 사가스

| 발견하다 | 見つける | みつける | 미쯔께루 |

• 財布を 見つける。　지갑을 발견하다.
さい ふ み
사이후오 미쯔께루

| 정하다 | 決める | きめる | 키메루 |

• 方向を 決める。　방향을 정하다.
ほうこう き
호ー꼬ー오 키메루

54

만들다	作る　つくる	츠꾸루

• パンを 作(つく)る。　빵을 만들다.
팡오 츠꾸루

하다	する	스루

• 宿題(しゅくだい)を する。　숙제를 하다.
슈꾸다이오 스루

쓰다	使う　つかう	츠까우

• ペンを 使(つか)う。　펜을 쓰다.
펭오 츠까우

TIP

「知る」와 「わかる」

두 단어 모두 "알다" 라는 뜻이지만 뉘앙스에 약간의 차이가 있다.

知る　: 정보에 대한 지식을 얻다.
わかる : 의미나 내용을 이해하다.

| 체험하다 | 体験する | たいけんする | 타이껜스루 |

- 無重力を 体験する。
  무쥬-료꾸오 타이껜스루

무중력을 체험하다.

| 경험하다 | 経験する | けいけんする | 케-껜스루 |

- 海外生活を 経験する。
  카이가이세이까쯔오 케-껜스루

외국생활을 경험하다.

| 읽다 | 読む | よむ | 요무 |

- 小説を 読む。
  쇼-세쯔오 요무

소설을 읽다.

| 쓰다 | 書く | かく | 카꾸 |

- 作文を 書く。
  사꾸붕오 카꾸

작문을 쓰다.

| 그리다 | 描く | かく | 카꾸 |

- 人物を 描く。
  진부쯔오 카꾸

인물을 그리다.

| 노래하다 | 歌う | うたう | 우따우 |

- 歌を 歌う。
  우따오 우따우

노래를 부르다.

| 춤추다 | 踊る | おどる | 오도루 |

- ダンスを 踊る。
  단스오 오도루

춤을 추다.

| 모르다 | 知らない | しらない | 시라나이 |

- 彼を 知らない。
  카레오 시라나이

그를 모르다.

| 보다 | 見る | みる | 미루 |

- テレビを 見る。
  테레비오 미루

텔레비전을 보다.

| 듣다 | 聞く | きく | 키꾸 |

- 音楽を 聞く。
  옹가꾸오 키꾸

음악을 듣다.

| 말하다 | 話す | はなす | 하나스 |

- 友達と 話す。
  토모다찌또 하나스

친구와 이야기하다.

도시	都市	とし	토시	
마을	村	むら	무라	
시골	田舎	いなか	이나까	
거리	街	まち	마찌	
	通り	とおり	토−리	
도로	道路	どうろ	도−로	❶
길	道	みち	미찌	❶
보도	歩道	ほどう	호도−	❷
교차로	交差点	こうさてん	코−사뗀	❸
횡단보도	横断歩道	おうだんほどう	오−당호도−	❹
육교	歩道橋	ほどうきょう	호도−교−	❺
신호	信号	しんごう	싱고−	❻
다리	橋	はし	하시	❼
건널목	踏み切り	ふみきり	후미끼리	
자전거	自転車	じてんしゃ	지뗀샤	❽

 ※ 그림을 보고 일본어로 말해 보세요.

 자전거 주차장

일본에는 자전거가 많다.
자전거를 교통수단으로
사용하는 사람이 많아서
자전거 전용 주차장도
쉽게 찾을 수 있다.

버스	バス		바스	❶
버스터미널	バスターミナル		바스따ー미나루	❷
정거장	停留所	ていりゅうじょ	테ー류ー죠	❸
	バス停	バスてい	바스떼ー	❹
지하철	地下鉄	ちかてつ	치까떼쯔	
표	切符	きっぷ	킵뿌	❺
매점	売店	ばいてん	바이뗀	
개찰구	改札口	かいさつぐち	카이사쯔구찌	❻
기차	汽車	きしゃ	키샤	
역	駅	えき	에끼	
시각표	時刻表	じこくひょう	지꼬꾸효ー	❼
플랫홈	ホーム		호ー무	
운임	運賃	うんちん	운찐	
편도	片道	かたみち	카따미찌	
왕복	往復	おうふく	오ー후꾸	

※ 그림을 보고 일본어로 말해 보세요.

❷

❶

❸/❹

시각표			
5	00	12	42
6	18	37	48
7	10	16	28
8	05	30	48
9	10	25	40

❻

❺

❼

일본의 버스

일본의 버스는 시각표에 맞추어 운행된다.
시간을 맞추기 위해 정거장에서 대기할 때
도 있다.
승차구에 있는 정리권을 뽑고, 내릴 때
정리권에 표시된 숫자를 보고 요금표에 있
는 요금을 낸다.

교통

시발 / 첫차	始発	しはつ	시하쯔
막차	最終	さいしゅう	사이슈-
	終電	しゅうでん	슈-덴
급행	急行	きゅうこう	큐-꼬-
특급	特急	とっきゅう	톡뀨-
빈좌석	空席	くうせき	쿠-세끼
만석	満席	まんせき	만세끼
도중하차	途中下車	とちゅうげしゃ	토쮸-게샤

| 출발하다 | 出発する | しゅっぱつする | 슙빠쯔스루 |

• 家を 出発する。　　집을 출발하다.
　이에오 슙빠쯔스루

| 도착하다 | 到着する | とうちゃくする | 토-쨔꾸스루 |

• 駅に 到着する。　　역에 도착하다.
　에끼니 토-쨔꾸스루

| 타다 | 乗る | のる | 노루 |

• 飛行機に 乗る。　　비행기를 타다.
　히꼬-끼니 노루

| 내리다 | 降りる | おりる | 오리루 |

- バスを 降りる。
  바스오 오리루

버스를 내리다.

| 갈아타다 | 乗り換える | のりかえる | 노리까에루 |

- 電車に 乗り換える。
  덴샤니 노리까에루

전철을 갈아타다.

| 멀미하다 | 酔う | よう | 요우 |

- 車に 酔う。
  쿠루마니 요우

차 멀미하다.

| 이용하다 | 利用する | りようする | 리요-스루 |

- 汽車を 利用する。
  키샤오 리요-스루

기차를 이용하다.

택시	タクシー		타꾸시-	❶
타는 곳	乗り場	のりば	노리바	❷
운전기사	運転手	うんてんしゅ	운뗀슈	❸
승객	乗客	じょうきゃく	죠-꺄꾸	❹
배	船	ふね	후네	
항구	港	みなと	미나또	
비행기	飛行機	ひこうき	히꼬-끼	❺
공항	空港	くうこう	쿠-꼬-	❻
국내선	国内線	こくないせん	코꾸나이센	❼
국제선	国際線	こくさいせん	코꾸사이센	❽
편명	便名	びんめい	빔메-	
이륙	離陸	りりく	리리꾸	❾
착륙	着陸	ちゃくりく	차꾸리꾸	❿
탑승하다	搭乗する	とうじょうする	토-죠-스루	⓫

※ 그림을 보고 일본어로 말해 보세요.

일본의 택시

일본 택시는 기본 요금이 600엔이상으로 한국보다 비싸다. 보통 뒷좌석에 타고 문은 자동문이라 열거나 닫지 않아도 된다. 차도가 왼쪽, 인도가 오른쪽이므로 혼동하지 않도록 주의한다.

| 면허증 | 免許証 | めんきょしょう | 멩꾜쇼― |

| 주차장 | 駐車場 | ちゅうしゃじょう | 츄―샤죠― |

| 주유소 | ガソリンスタンド | | 가소린스딴도 |

| 운전하다 | 運転する | うんてんする | 운뗀스루 |

* 車を 運転する。
  쿠루마오 운뗀스루

차를 운전하다.

| 나아가다 | 進む | すすむ | 스스무 |

* 前に 進む。
  마에니 스스무

앞으로 나아가다.

| 후진하다 | バックする | | 박꾸스루 |

* 駐車するために バックする。
  츄―샤스루따메니 박꾸스루

주차하기 위해 후진하다.

| 세우다 | 止める | とめる | 토메루 |

* 車を 止める。
  쿠루마오 토메루

차를 세우다.

| 돌다 | 曲がる | まがる | 마가루 |

* 道を 曲がる。
  미찌오 마가루

길을 돌다.

| 속도를 내다 | とばす | | 토바스 |

• 車を とばす。　　　　　　　　차의 속도를 내다.
  쿠루마오 토바스

| 정체되다 | 渋滞する | じゅうたいする | 쥬–따이스루 |

• 車が 渋滞する。　　　　　　　차가 정체되다.
  쿠루마가 쥬–따이스루

| 고장나다 | 故障する | こしょうする | 코쇼–스루 |

• ブレーキが 故障する。　　　　브레이크가 고장나다.
  부레–끼가 코쇼–스루

차 내부 명칭

① 자동차　自動車 / 車
② 핸들　　 ハンドル
③ 브레이크 ブレーキ
④ 엔진　　 エンジン
⑤ 기어　　 ギア
⑥ 타이어　 タイヤ

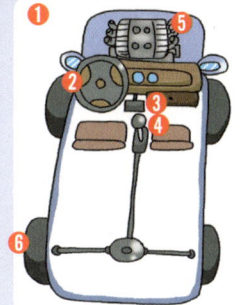

쇼핑

백화점	デパート		데빠―또	❶
슈퍼	スーパー		스―빠―	❷
시장	市場	いちば	이찌바	
점원	店員	てんいん	텐인	❸
손님	お客さん	おきゃくさん	오까꾸상	❹
거스름돈	おつり		오쯔리	
계산대	レジ		레지	❺
가격/값	値段	ねだん	네단	
팔다	売る	うる	우루	
사다	買う	かう	카우	
고르다	選ぶ	えらぶ	에라부	
지불하다	払う	はらう	하라우	
비싸다	高い	たかい	타까이	
싸다	安い	やすい	야스이	

 ※ 그림을 보고 일본어로 말해 보세요.

 쇼핑 필수 표현

▶ 이것은 얼마입니까?
これは いくらですか。

▶ 다른 색깔 있습니까?
別の 色 ありますか。

▶ 조금 싼 거 있습니까?
もう少し 安いのは ありませんか。

우체국	郵便局	ゆうびんきょく	유-빙꾜꾸	❶
우체통	ポスト		포스또	❷
엽서	ハガキ		하가끼	❸
우표	切手	きって	킫떼	❹
편지	手紙	てがみ	테가미	
소포	小包	こづつみ	코즈쯔미	❺
연하장	年賀状	ねんがじょう	넹가죠-	
이름	名前	なまえ	나마에	❻
주소	住所	じゅうしょ	쥬-쇼	❼
우편번호	郵便番号	ゆうびんばんごう	유-빈방고-	❽
보내다	送る	おくる	오꾸루	

• 小包を 送る。
코즈쯔미오 오꾸루
소포를 보내다.

| 도착하다 | 届く | とどく | 토도꾸 |

• 手紙が 届く。
테가미가 토도꾸
편지가 도착하다.

※ 그림을 보고 일본어로 말해 보세요.

❶

우 체 국

❷

〒

❹ **❽**
□□□-□□

❸

❻ 田中太郎様

❼ 東京都新宿区

❺

TIP

일본의 연하장

신년 방문 인사를 대신하는 것으로 11월경에 연하장이 발매된다.
늦어도 12월20일까지 보내면, 1월1일~3일 사이에 배달된다.

은행

은행	銀行	ぎんこう	깅꼬-	
돈	お金	おかね	오까네	❶
환전	両替	りょうがえ	료-가에	❷
창구	窓口	まどぐち	마도구찌	❸
송금	送金	そうきん	소-낀	
융자	融資	ゆうし	유-시	
예금하다	預金する	よきんする	요낀스루	
인출하다	引き出す	ひきだす	히끼다스	
계좌	口座	こうざ	코-자	
예금통장	預金通帳	よきんつうちょう	요낀쯔쪼-	❹
이자	利子	りし	리시	
도장	印鑑	いんかん	잉깐	❺
캐쉬카드	キャッシュカード		캇슈까-도	
신용카드	クレジットカード		크레짇또카-도	❻

 ※ 그림을 보고 일본어로 말해 보세요.

 일본 화폐

일본의 화폐 단위는 엔(¥)으로 지폐와 동전으로 구분된다. 지폐는 1000엔, 2000엔, 5000엔, 10000엔의 4종류, 동전은 1엔, 5엔, 10엔, 50엔, 100엔, 500엔 등 6종류가 있다. 지폐에는 역사에 남을 만큼 큰 역할을 한 교육자나 소설가, 과학자들이 등장한다.

전화

전화	電話	でんわ	뎅와
공중전화	公衆電話	こうしゅうでんわ	코-슈-뎅와
휴대전화	携帯電話	けいたいでんわ	케-따이뎅와
전화번호	電話番号	でんわばんごう	뎅와방고-
통화요금	通話料金	つうわりょうきん	츠-와료-낀
전화번호부	電話帳	でんわちょう	뎅와쪼-
지역번호	市外局番	しがいきょくばん	시가이꾜꾸방
국제전화	国際電話	こくさいでんわ	코꾸사이뎅와
콜렉트콜	コレクトコール		코레쿠또 꼬-루
통화중	話し中	はなしちゅう	하나시쮸-
혼선	混線	こんせん	콘센
자동응답전화	留守番電話	るすばんでんわ	루스반뎅와
장난전화	いたずら電話	いたずらでんわ	이따즈라뎅와

전화 필수표현

여보세요.	もしもし。	모시모시
전화를 걸다.	電話を かける。	뎅와오 카께루
전화를 받다.	電話に 出る。	뎅와니 데루
잘못 걸다.	かけ間違える。	카께마찌가에루
잠시만 기다려주세요.	ちょっと お待ちください。	춋또 오마찌쿠다사이
외출중입니다.	外出中です。	가이슙쯔쮸―데스
전해주세요.	伝言してください。	뎅곤시떼쿠다사이

컴퓨터

컴퓨터	コンピューター		콤쀼~따~	❶
	パソコン		파소꼰	❷
키보드	キーボード		카-보-도	❸
마우스	マウス		마우스	❹
모니터	モニター		모니따~	❺
프린터	プリンター		프린따~	❻
파일	ファイル		화이루	
인터넷	インターネット		인따~넽또	
이메일	電子メール	でんしメール	덴시메~루	

말해보기 ※ 그림을 보고 일본어로 말해 보세요.

입력하다	入力する　　　　にゅうりょくする	뉴~료꾸스루

- データを 入力する。
  데~따오 뉴~료꾸스루

데이타를 입력하다.

저장하다	保存する　　　　ほぞんする	호존스루

- ファイルを 保存する。
  화이루오 호존스루

파일을 저장하다.

복사하다	コピーする	코삐~스루

- 文章を コピーする。
  분쇼~오 코삐스루

문장을 복사하다.

삭제하다	削除する　　　　さくじょする	사꾸죠스루

- 文字を 削除する。
  모지오 사꾸죠스루

문자를 삭제하다.

검색하다	検索する　　　　けんさくする	켄사꾸스루

- 内容を 検索する。
  나이요~오 켄사꾸스루

내용을 검색하다.

다운로드하다	ダウンロードする	다운로~도스루

- プログラムを ダウンロードする。
  프로그라무오 다운로~도스루

프로그램을 다운로드하다.

1. 그림을 보고 일본어로 쓰세요.

① 신호

② 자전거

③ 교차로

④ 횡단보도

⑤ 육교

⑥ 도로

2. 다음 설명에 맞는 장소를 일본어로 쓰세요.

① 돈을 인출하다.　　　　[ ]

② 비행기를 타다.　　　　[ ]

③ 편지를 보내다.　　　　[ ]

④ 쇼핑을 하다.　　　　[ ]

⑤ 버스를 기다리다.　　　[ ]

3. 다음 단어의 뜻을 쓰세요.

① 起きる　　　　[ ]

② 洗濯する　　　　[ ]

③ 外出する　　　　[ ]

④ 働く　　　　[ ]

⑤ 遊ぶ　　　　[ ]

⑥ 寝る　　　　[ ]

4. 서로 맞는 것을 연결하세요.

① 읽다 •　　　　　• 見^みる

② 보다 •　　　　　• 言^いう

③ 듣다 •　　　　　• 読^よむ

④ 말하다 •　　　　• 聞^きく

5. 일본어로 표현할 때 맞는 단어를 골라 O를 하세요.

(1) 쓰다

　　① 컴퓨터를 쓰다 　　(使^{つか}う　書^かく)

　　② 일기를 쓰다 　　　(使^{つか}う　書^かく)

(2) 생각하다

　　① 그 문제에 관해서 생각하다 　(思^{おも}う　考^{かんが}える)

　　② 어린 시절을 그립게 생각하다 (思^{おも}う　考^{かんが}える)

(3) 알다

　　① 정보에 대한 지식을 얻다 　　(知^しる　わかる)

　　② 의미나 내용을 이해하다 　　　(知^しる　わかる)

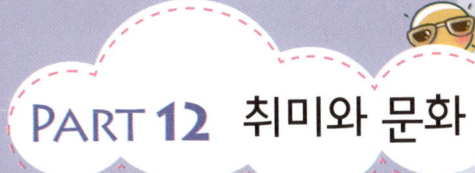

PART **12** 취미와 문화

취미

취미	趣味	しゅみ	슈미	
독서	読書	どくしょ	도꾸쇼	❶
낚시	魚釣り	さかなつり	사까나쯔리	❷
바둑	囲碁	いご	이고	❸
장기	将棋	しょうぎ	쇼-기	❹
서예	書道	しょどう	쇼도-	❺
등산	登山	とざん	토잔	❻
수예	手芸	しゅげい	슈게-	❼
꽃꽂이	生け花	いけばな	이께바나	❽
원예	園芸	えんげい	엥게-	❾
	ガーデニング		가-데닝구	❿
드라이브	ドライブ		도라이부	⓫
여행	旅行	りょこう	료꼬-	⓬
카메라	カメラ		카메라	⓭
영화	映画	えいが	에-가	⓮

말해보기 ※ 그림을 보고 일본어로 말해 보세요.

❶

❷

❸

❹

❺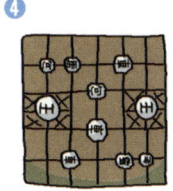

❻

※ 1~14까지의 단어를 넣어 말해 보세요.

A 아나따노 슈 미 와 난 데 스 까
あなたの 趣味は 何ですか。
しゅ み   なん

당신의 취미는 무엇입니까?

B 와따시 노 슈 미 와   데 스
私の趣味は ［   ］です。
わたし しゅ み

나의 취미는 _____입니다.

예술

미술	美術	びじゅつ	비쥬쯔	
회화	絵画	かいが	카이가	❶
조각	彫刻	ちょうこく	쵸―꼬꾸	❷
도예	陶芸	とうげい	토―게―	❸
미술관	美術館	びじゅつかん	비쥬쯔깡	
음악	音楽	おんがく	옹가꾸	
악기	楽器	がっき	각끼	
피아노	ピアノ		피아노	❹
바이올린	バイオリン		바이오린	❺
기타	ギター		기따―	
리코더	リコーダー		리꼬―다―	
악보	楽譜	がくふ	가꾸후	❻
지휘자	指揮者	しきしゃ	시끼샤	❼
리듬	リズム		리즈무	
연주하다	演奏する	えんそうする	엔소―스루	

 ※ 그림을 보고 일본어로 말해 보세요.

① ② ③ ④

⑤ ⑥ ⑦

 악기 관련 표현

피아노를 치다	ピアノを 弾く	피아노오 히꾸
바이올린를 연주하다	バイオリンを 弾く	바이오린오 히꾸
기타를 연주하다	ギターを 弾く	기따오 히꾸
리코더를 불다	リコーダーを 吹く	리꼬-다오 후꾸
북을 치다	太鼓を たたく	타이꼬오 타따꾸

텔레비전	テレビ		테레비
라디오	ラジオ		라지오
매스컴	マスコミ		마스꼬미
채널	チャンネル		챤네루
프로그램	番組	ばんぐみ	방구미
보도	報道	ほうどう	호―도―
뉴스	ニュース		뉴―스
드라마	ドラマ		도라마
카메라맨	カメラマン		카메라망
생방송	生放送	なまほうそう	나마호―소―
사회자	司会者	しかいしゃ	시까이샤
출연자	出演者	しゅつえんしゃ	슈쯔엔샤
시청자	視聴者	しちょうしゃ	시쬬―샤
방송하다	放送する	ほうそうする	호―소―스루

신문	新聞	しんぶん	심붕
기자	記者	きしゃ	키샤
사설	社説	しゃせつ	샤세쯔
사건	事件	じけん	지껜
취재	取材	しゅざい	슈자이
광고	コマーシャル		코마-샤루
	広告	こうこく	코-꼬꾸
책	本	ほん	홍
잡지	雑誌	ざっし	잣씨
문학	文学	ぶんがく	붕가꾸
소설	小説	しょうせつ	쇼-세쯔
동화	童話	どうわ	도-와
그림책	絵本	えほん	에홍
만화	漫画	まんが	망가

스포츠	スポーツ		스뽀ー쯔
축구	サッカー		삭까ー ❶
야구	野球	やきゅう	야뀨ー ❷
농구	バスケットボール		바스켇또보ー루 ❸
골프	ゴルフ		고루후 ❹
수영	水泳	すいえい	스이에ー ❺
스모	相撲	すもう	스모ー ❻
배구	バレーボール		바레ー보ー루 ❼
선수	選手	せんしゅ	센슈
시합	試合	しあい	시아이
지다	負ける	まける	마께루

• 試合に 負ける。
　しあい　ま
　시아이니 마께루

시합에 지다.

이기다	勝つ	かつ	카쯔

• ライバルに 勝つ。
　　　　　か
　라이바루니 카쯔

라이벌에게 이기다.

 ※ 그림을 보고 일본어로 말해 보세요.

❶  ❷  ❸

❹  ❺  ❻

※ 1~7까지의 단어를 넣어 말해 보세요.

아 나 따 노　스 끼 나　스 뽀 ー 쯔 와　난 데 스 까
A あなたの 好きな スポーツは 何ですか。
す　　　　　　　　　　　　　　　なん
당신이 좋아하는 스포츠는 무엇입니까?

데 스
B ＿＿＿＿＿＿です。
＿＿＿＿＿입니다.

여행

관광 여행	観光旅行	かんこうりょこう	캉꼬--료꼬--
여권	パスポート		파스뽀--또
	旅券	りょけん	료껜
비자	ビザ		비자
호텔	ホテル		호떼루
경치	景色	けしき	케시끼
선물	お土産	おみやげ	오미야게

예약하다 予約する　よやくする　요야꾸스루

• 旅館を 予約する。　여관을 예약하다.
　료깡오 요야꾸스루

숙박하다 宿泊する　しゅくはくする　슈꾸하꾸스루

• ホテルに 宿泊する。　호텔에 묵다.
　호떼루니 슈꾸하꾸스루

구경하다 見物する　けんぶつする　켐부쯔스루

• 動物園を 見物する。　동물원을 구경하다.
　도-부쯔엔오 켐부쯔스루

온천	温泉	おんせん	온센	❶
유원지	遊園地	ゆうえんち	유–엔찌	❷
수족관	水族館	すいぞくかん	스이조꾸깐	❸
동물원	動物園	どうぶつえん	도–부쯔엔	❹
식물원	植物園	しょくぶつえん	쇼꾸부쯔엔	❺
전망대	展望台	てんぼうだい	텐보–다이	❻
꽃구경	花見	はなみ	하나미	❼
낚시	釣り	つり	츠리	❽

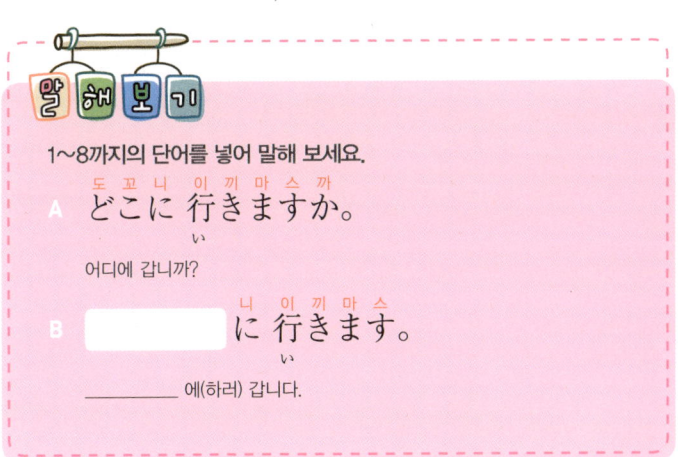

말해보기

1～8까지의 단어를 넣어 말해 보세요.

A どこに 行きますか。
도꼬니 이끼마스까
어디에 갑니까?

B ＿＿＿＿ に 行きます。
니 이끼마스
_____ 에(하러) 갑니다.

Part 12 취미와 문화 _221

1. 그림을 보고 일본어로 쓰세요.

① 독서

② 낚시

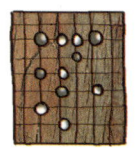

③ 바둑

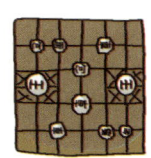

④ 장기

⑥ 서예

⑥ 등산

2. 다음 단어의 뜻을 쓰세요.

① マスコミ　　　(　　　　　　)

② ニュース　　　(　　　　　　)

③ ドラマ　　　　(　　　　　　)

④ チャンネル　　(　　　　　　)

⑤ カメラマン　　(　　　　　　)

⑥ テレビ　　　　(　　　　　　)

3. 다음 단어를 보기와 같이 분류하세요.

보기ㅣ 음악 O	미술 X	스포츠 △

① 絵画(　　)　　② 指揮(　　)　　③ 彫刻(　　)

④ 選手(　　)　　⑤ 陶芸(　　)　　⑥ ギター(　　)

⑦ リコーダー(　　)　　　　　⑧ サッカー(　　)

4. 밑줄 친 단어를 일본어로 써 보세요.

① 호텔에 묵다.

ホテルに 　　　　　　　　　　　　。

② 소설을 읽다.

　　　　　　　　　　を読む。

③ 선물을 사다. (여행지에서)

　　　　　　　　　　を買う。

④ 여권을 잃어 버리다.

　　　　　　　　　　をなくす。

⑤ 전망대에 올라가다.

　　　　　　　　　　に上がる。

⑥ 동물원을 구경하다.

　　　　　　　　　　を見学する。

⑦ 광고를 내다.

　　　　　　　　　　を出す。

PART **13** 자연

동물	動物	どうぶつ	도−부쯔
토끼	うさぎ		우사기
곰	熊	くま	쿠마
호랑이	虎	とら	토라
코끼리	象	ぞう	조−
말	馬	うま	우마
양	羊	ひつじ	히쯔지
기린	キリン		키린
원숭이	猿	さる	사루
여우	きつね		키쯔네
너구리	たぬき		타누끼
사자	ライオン		라이온
뱀	蛇	へび	헤비
쥐	ネズミ		네즈미

| 기르다 | 飼う | かう | 카우 |

- 鳥を 飼う。　　　　　　　새를 기르다.
  토리오 카우

| 먹이를 주다 | えさをやる | | 에사오 야루 |

- ペットに えさを やる。　　　애완동물에게 먹이를 주다.
  펫또니 에사오 야루

동물의 소리

닭	ニワトリ	コケコッコー	꼬꼬댁/꼬끼오
개	犬(いぬ)	ワンワン	멍멍
고양이	猫(ねこ)	ニャーニャー	야옹
돼지	豚(ぶた)	ブーブー	꿀꿀
소	牛(うし)	モーモー	음메

식물	植物	しょくぶつ	쇼꾸부쯔	
나무	木	き	키	❶
꽃	花	はな	하나	❷
풀	草	くさ	쿠사	❸
가지	枝	えだ	에다	❹
꽃잎	花びら	はなびら	하나비라	❺
꽃봉오리	つぼみ		츠보미	❻
잎	葉	は	하	❼
가시	トゲ		토게	❽
줄기	茎	くき	쿠끼	❾
뿌리	根	ね	네	❿
씨	種	たね	타네	⓫
싹	芽	め	메	⓬
열매	実	み	미	⓭

※ 그림을 보고 일본어로 말해 보세요.

※ 1~13까지의 단어를 넣어 말해 보세요.

A
코 레 와 난 데 스 까
これは 何ですか。
　　　　なん

이것은 무엇입니까?

B
소 레 와　　　　　　　 데 스
それは　　　　　　　です。

그것은 ＿＿＿＿＿입니다.

식물

장미	バラ	바라	❶
코스모스	コスモス	코스모스	❷
민들레	たんぽぽ	탐뽀뽀	❸
국화	菊　　　　　きく	키꾸	❹
해바라기	ひまわり	히마와리	❺

심다 | **植える**　　　うえる | 우에루

• 木を 植える。
　き　う
　키오 우에루

나무을 심다.

물을 주다 | **水をやる**　　　みずをやる | 미즈오아루

• 花に 水をやる。
　はな　みず
　하나니 미즈오 아루

꽃에 물을 주다.

피다 | **咲く**　　　　さく | 사꾸

• バラが 咲く。
　　　さ
　바라가 사꾸

장미가 피다.

시들다 | **枯れる**　　　かれる | 카레루

• 植物が 枯れる。
　しょくぶつ　か
　쇼꾸부쯔가 카레루

식물이 시들다.

 ※ 그림을 보고 일본어로 말해 보세요.

※ 1~5까지의 단어를 넣어 말해 보세요.

A [   ] が 咲いていますね。
　　가　사　이　떼　이　마　스　네

_____가 피어 있네요

B ええ、とても きれいです。
　에－　　토 떼 모　키 레 이 데 스

네, 너무 예쁩니다.

산	山	やま	야마	❶
숲	森	もり	모리	❷
	林	はやし	하야시	❸
들	野原	のはら	노하라	❹
강	川	かわ	카와	❺
호수	湖	みずうみ	미즈우미	❻
폭포	滝	たき	타끼	❼
바다	海	うみ	우미	❽
파도	波	なみ	나미	❾
해안	海岸	かいがん	카이간	❿
섬	島	しま	시마	⑪
하늘	空	そら	소라	⑫
태양	太陽	たいよう	타이요—	⑬
구름	雲	くも	쿠모	⑭

말해보기 ※ 그림을 보고 일본어로 말해 보세요.

자연

날씨	天気	てんき	텐끼	
맑음	晴れ	はれ	하레	❶
흐림	曇り	くもり	쿠모리	❷
비	雨	あめ	아메	❸
눈	雪	ゆき	유끼	❹
바람	風	かぜ	카제	
안개	霧	きり	키리	
태풍	台風	たいふう	타이후-	
천둥	雷	かみなり	카미나리	
온도	温度	おんど	온도	
습도	湿度	しつど	시쯔도	
화산	火山	かざん	카잔	
지진	地震	じしん	지신	

분화	噴火	ふんか	훙까	
별	星	ほし	호시	
달	月	つき	츠끼	
덥다	暑い	あつい	아쯔이	❺
춥다	寒い	さむい	사무이	❻
서늘하다	涼しい	すずしい	스즈시-	❼
따뜻하다	暖かい	あたたかい	아따따까이	❽

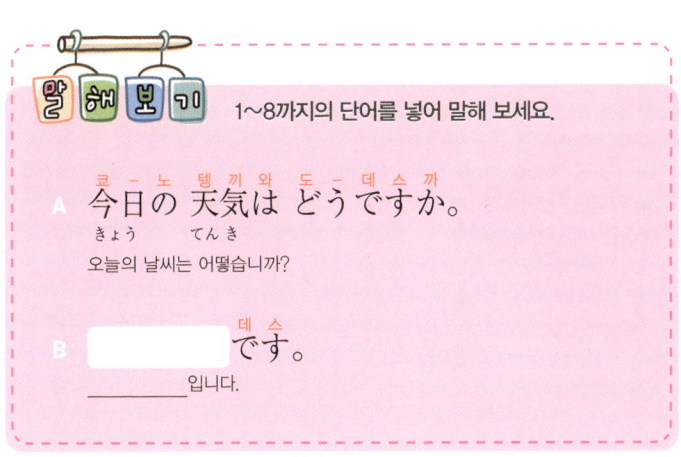

말해보기 1~8까지의 단어를 넣어 말해 보세요.

A
쿄 - 노 텡끼와 도 - 데 스 까
今日の 天気は どうですか。
きょう　　てんき
오늘의 날씨는 어떻습니까?

B
데 스
_____です。
_____입니다.

1. 그림을 보고 일본어로 쓰세요.

① 싹   ② 나무   ③ 풀

④ 꽃   ⑤ 잎   ⑥ 뿌리

2. 그림을 보고 일본어로 쓰세요.

① 하늘

② 강

③ 숲

④ 산

⑤ 바다

⑥ 호수

3. 다음 단어의 뜻을 쓰세요.

① 台風(たいふう)

② 雷(かみなり)

③ 温度(おんど)

④ 地震(じしん)

⑤ 星(ほし)

⑥ 月(つき)

4. 다음 설명에서 연상되는 날씨를 보기에서 찾아 쓰세요.

雪(ゆき)　風(かぜ)　雨(あめ)　霧(きり)　晴れ(は)　曇り(くも)

① 나들이 하기에 좋은 날씨

② 크리스마스가 생각난다.

③ 금방이라도 비가 올것 같다.

④ 앞이 잘 안보인다.

⑤ 우산이 필요하다.

⑥ 모자가 날아갈 것 같다.

PART **14** 사회

정치

정치	政治	せいじ	세-지
정부	政府	せいふ	세-후
민주주의	民主主義	みんしゅしゅぎ	민슈슈기
나라	国	くに	쿠니
국민	国民	こくみん	코꾸민
수상	首相	しゅしょう	슈쇼-
대통령	大統領	だいとうりょう	다이또-료-
선거	選挙	せんきょ	셍꾜
투표	投票	とうひょう	토-효-
법률	法律	ほうりつ	호-리쯔
권리	権利	けんり	켄리
의무	義務	ぎむ	기무
제도	制度	せいど	세-도

경제

경제	経済	けいざい	케–자이
경기	景気	けいき	케–끼
불황	不況	ふきょう	후꾜–
물가	物価	ぶっか	북까
예산	予算	よさん	요산
세금	税金	ぜいきん	제–낀
수입	収入	しゅうにゅう	슈–뉴–
지출	支出	ししゅつ	시슈쯔
수출	輸出	ゆしゅつ	유슈쯔
수입	輸入	ゆにゅう	유뉴–
이익	利益	りえき	리에끼
손실	損失	そんしつ	손시쯔
자본	資本	しほん	시혼
투자	投資	とうし	토–시

종교	宗教	しゅうきょう	슈―꾜―
신앙	信仰	しんこう	싱꼬―
신자	信者	しんじゃ	신쟈
불교	仏教	ぶっきょう	북꾜―
절	寺	てら	테라
스님	お坊さん	おぼうさん	오보―상
기독교	キリスト教	キリストきょう	키리스또꾜―
하느님 / 신	神	かみ	카미
교회	教会	きょうかい	쿄―까이
예배	礼拝	れいはい	레―하이
목사	牧師	ぼくし	보꾸시
천주교	カトリック	カトリック	카또릭꾸
신부	神父	しんぷ	심뿌
기도하다	祈る	いのる	이노루
신사	神社	じんじゃ	진쟈

사고	事故	じこ	지꼬

화재	火事	かじ	카지

부상자	負傷者	ふしょうしゃ	후쇼―샤

행방불명	行方不明	ゆくえふめい	유꾸에후메―

안전	安全	あんぜん	안젠

위험	危険	きけん	키껜

피난	避難	ひなん	히난

구조	救助	きゅうじょ	큐―죠

살인	殺人	さつじん	사쯔징

범인	犯人	はんにん	한닝

도둑맞다	盗まれる	ぬすまれる	누스마레루

- お金を 盗まれる。 돈을 도둑맞다.
  오까네오 누스마레루

속다	だまされる		다마사레루

- 販売員に だまされる。 판매원에게 속다.
  한바이인니 다마사레루

1. 관련이 있는 단어끼리 연결하세요.

    ① カトリック　　　•　　　•　救助
                                きゅうじょ
    ② キリスト教　　　•　　　•　支出
          きょう   し しゅつ
    ③ 負傷者　　　　•　　　•　神父
      ふ しょうしゃ   しん ぷ
    ④ 選挙　　　　　•　　　•　投票
      せんきょ   とうひょう
    ⑤ 予算　　　　　•　　　•　牧師
      よ さん   ぼく し

2. 다음 단어를 일본어로 쓰세요.

    ① 정치
    ② 나라
    ③ 경제
    ④ 물가
    ⑤ 이익
    ⑥ 종교
    ⑦ 신앙
    ⑧ 사고

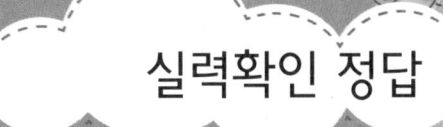

실력확인 정답

PART 1 실력확인

1. ① 人ひと　　② 冊さつ
　 ③ 個こ　　　④ 匹ひき
　 ⑤ 枚まい

2. ① じゅうにじごじゅっぷん
　 ② よじさんじゅっぷん
　 ③ しちじよんじゅうごふん
　 ④ にじじゅうごふん
　 ⑤ ろくじはっぷん
　 ⑥ くじにじゅうさんぷん

3. ① 明日あした
　 ② 今週こんしゅう
　 ③ 再来月さらいげつ
　 ④ 去年きょねん

4. ① ４月５日しがついつか
　　 水曜日すいようび
　 ② ７月２０日しちがつはつか
　　 月曜日げつようび
　 ③ 2月3日にがつみっか

　　 日曜日にちようび
　 ④ 9月19日くがつじゅうくにち
　　 火曜日かようび
　 ⑤ 6月1日ろくがつついたち
　　 土曜日どようび

5. ① 短みじかい
　 ② 少すくない
　 ③ 古ふるい
　 ④ 寒さむい
　 ⑤ 小ちいさい

6. ① こんにちは
　 ② これ
　 ③ いくら
　 ④ それ
　 ⑤ なん
　 ⑥ いろいろ
　 ⑦ それでは
　 ⑧ すみません

1. ① 足ぁし
   ② 肩かた
   ③ 背中せなか
   ④ 頭あたま
   ⑤ おしり
   ⑥ お腹なか
   ⑦ 首くび
   ⑧ 手て

2. ① 起おきる
   ② 座すわる
   ③ 止とまる
   ④ 投なげる
   ⑤ 歩あるく
   ⑥ 出でる
   ⑦ 開あける

1. ① 咳せきが出でる
   ② 頭あたまが痛いたい
   ③ あくびをする
   ④ 涙なみだが出でる
   ⑤ いびきをかく

2. ① 医者いしゃ
   ② 治療ちりょう
   ③ 入院にゅういん
   ④ 貧血ひんけつ
   ⑤ 注射ちゅうしゃ
   ⑥ 頭痛ずつう

3. ① 熱ねつ
   ② 鼻水はなみず
   ③ 風邪かぜ
   ④ 薬くすり

4. ① 注射ちゅうしゃ
   ② 医者いしゃ
   ③ 患者かんじゃ

④ 看護婦_{かんごふ}

⑤ 血圧計_{けつあつけい}

5. ① 下痢止_{げりと}め

② 目薬_{めぐすり}

③ 消化剤_{しょうかざい}

④ 鎮痛剤_{ちんつうざい}

⑤ 解熱剤_{げねつざい}

PART 4 실력확인

1. ① 마음에 들다

② 신경을 쓰다

③ 조심하다

④ 믿다

⑤ 낙망하다

2. ① 疑_{うたが}う

② 安心_{あんしん}だ

③ 暗_{くら}い

④ うれしい

⑤ 嫌_{きら}いだ

⑥ 面白_{おもしろ}い

3. ① 臆病_{おくびょう}だ

② 正直_{しょうじき}だ

③ 立派_{りっぱ}だ

④ 親切_{しんせつ}だ

⑤ 明_{あか}るい

⑥ 冷_{つめ}たい

⑦ 優_{やさ}しい

⑧ 積極的_{せっきょくてき}だ

4. ① 怒_{おこ}る

② 嬉_{うれ}しい

③ 幸_{しあわ}せだ

④ 苦_{くる}しい

⑤ 寂_{さび}しい

⑥ 我慢_{がまん}する

⑦ 感動_{かんどう}する

⑧ 後悔_{こうかい}する

1. ① 背広せびろ
   ② ワイシャツ
   ③ ズボン
   ④ セーター
   ⑤ 着物きもの
   ⑥ 靴下くつした

2. ① マフラー
   ② 手袋てぶくろ
   ③ 帽子ぼうし
   ④ 眼鏡めがね
   ⑤ 指輪ゆびわ
   ⑥ 財布さいふ

3. ① 綿めん
   ② そで
   ③ 糸いと
   ④ 針はり
   ⑤ サイズ

3. ① 赤あか
   ② 黄色きいろ
   ③ 茶色ちゃいろ
   ④ 白しろ
   ⑤ 青あお
   ⑥ 黒くろ

1. ① 아침식사
   ② 밥
   ③ 된장국
   ④ 점심
   ⑤ 도시락

2. ① 焼やく
   ② ゆでる
   ③ 煮にる
   ④ 蒸むす
   ⑤ 炊たく
   ⑥ 揚あげる
   ⑦ 炒いためる
   ⑧ 切きる

3. ① キムチが辛からい
   ② ご飯はんを食たべる
   ③ 肉にくを炒いためる
   ④ トマトを切きる
   ⑤ 魚さかなを焼やく
   ⑥ コーヒーを飲のむ
   ⑦ かぼちゃを煮にる

4. ① 塩しお
   ② 砂糖さとう
   ③ 胡椒こしょう
   ④ 味噌みそ
   ⑤ 酢す
   ⑥ 醤油しょうゆ

PART 7 실력확인

1. ① 扇風機せんぷうき
   ② 時計とけい
   ③ ラジオ
   ④ テーブル

⑤ 灰皿はいざら
⑥ 座布団ざぶとん

2. ① 鍋なべ
   ② 包丁ほうちょう
   ③ 箸はし
   ④ 石せっけん
   ⑤ くし
   ⑥ 鏡かがみ

3. ① 顔かおを洗あらう
   ② 歯はを磨みがく
   ③ 髪かみをとかす
   ④ ひげをそる
   ⑤ 庭にわを掃はく
   ⑥ 床ゆかを拭ふく

PART 8 실력확인

1. ① 夫おっと
   ② 息子むすこ

③ 友達ともだち

④ 女性じょせい

⑤ 同僚どうりょう

⑥ 後輩こうはい

⑦ 大人おとな

2. ① 別わかれる

② 招待しょうたいする

③ 訪問ほうもんする

④ 喧嘩けんかする

⑤ 亡なくなる

PART 9 실력확인

1. ① 中学校ちゅうがっこう

② 保育園ほいくえん

③ 大学だいがく

④ 幼稚園ようちえん

⑤ 高等学校こうとうがっこう

／高校こうこう

⑥ 小学校しょうがっこう

2. ① 복습

② 숙제

③ 수업

④ 출석

⑤ 성적

⑥ 연습

3. ① 筆ふで

② はさみ

③ のり

④ セロハンテープ

⑤ カッター

⑥ ホッチキス

⑦ 定規じょうぎ

⑧ 折おり紙がみ

⑨ クリップ

4. ① 数学すうがく

② 国語こくご

③ 地理ちり

④ 社会しゃかい

⑤ 歴史れきし

⑥ 体育たいいく

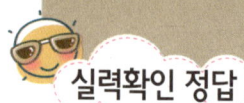

PART 10 실력확인

1. ① 警察官けいさつかん
   ② 会社員かいしゃいん
   ③ コック
   ④ 医者いしゃ
   ⑤ 看護婦かんごふ
   ⑥ 歌手かしゅ

2. ① 아르바이트
   ② 거래처
   ③ 상품
   ④ 과장
   ⑤ 신입사원
   ⑥ 담당하다

3. ① 会議かいぎ
   ② 書類しょるい
   ③ 社長しゃちょう
   ④ 部長ぶちょう
   ⑤ 仕事しごと
   ⑥ 事務員じむいん

4. ① 報告ほうこくする
   ② 話はなし合あう
   ③ 残業ざんぎょうする
   ④ 提出ていしゅつする
   ⑤ 言いう

PART 11 실력확인

1. ① 信号しんごう
   ② 自転車じてんしゃ
   ③ 交差点こうさてん
   ④ 横断歩道おうだんほどう
   ⑤ 歩道橋ほどうきょう
   ⑥ 道路どうろ

2. ① 銀行ぎんこう
   ② 空港くうこう
   ③ 郵便局ゆうびんきょく
   ④ デパート/スーパー
      /市場いちば

⑤ 停留所ていりゅうじょ/バス
停てい

3. ① 일어나다
② 세탁하다
③ 외출하다
④ 일하다
⑤ 놀다
⑥ 자다

4. ① 読よむ
② 見みる
③ 聞きく
④ 言いう

5. 1 ① 使つかう
② 書かく
2 ① 考かんがえる
② 思おもう
3 ① 知しる
② わかる

1. ① 読書どくしょ
② 釣つり
③ 囲碁いご
④ 将棋しょうぎ
⑤ 書道しょどう
⑥ 登山とざん

2. ① 매스컴
② 뉴스
③ 드라마
④ 채널
⑤ 카메라맨
⑥ 텔레비전

3. ① X
② ○
③ X
④ △
⑤ X
⑥ ○

⑦ ○

⑧ △

4. ① 宿泊しゅくはくする

② 小説しょうせつ

③ お土産みやげ

④ 旅券りょけん/パスポート

⑤ 展望台てんぼうだい

⑥ 動物園どうぶつえん

⑦ 広告こうこく

PART 13 실력확인

1. ① 芽め

② 木き

③ 草くさ

④ 花はな

⑤ 葉は

⑥ 根ね

2. ① 空そら

② 川かわ

③ 森もり/林はやし

④ 山やま

⑤ 海うみ

⑥ 湖みずうみ

3. ① 태풍

② 천둥

③ 온도

④ 지진

⑤ 별

⑥ 달

4. ① 晴はれ

② 雪ゆき

③ 曇くもり

④ 霧きり

⑤ 雨あめ

⑥ 風かぜ

PART 14 실력확인

1. ① 神父しんぷ
   ② 牧師ぼくし
   ③ 救助きゅうじょ
   ④ 投票とうひょう
   ⑤ 支出ししゅつ

2. ① 政治せいじ
   ② 国くに
   ③ 経済けいざい
   ④ 物価ぶっか
   ⑤ 利益りえき
   ⑥ 宗教しゅうきょう
   ⑦ 信仰しんこう
   ⑧ 事故じこ

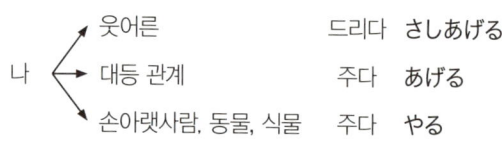

主語 나

나 ┌→ 웃어른   드리다 さしあげる
  ├→ 대등 관계   주다   あげる
  └→ 손아랫사람, 동물, 식물 주다   やる

▶ 내가 _____에게 _____를 주다

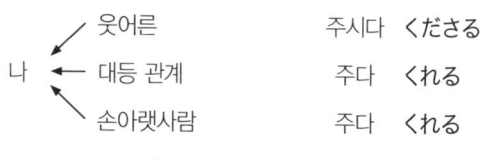

主語 상대방

나 ┌ 웃어른   주시다 くださる
  ├ 대등 관계   주다   くれる
  └ 손아랫사람   주다   くれる

▶ _____가 나에게 _____를 주다

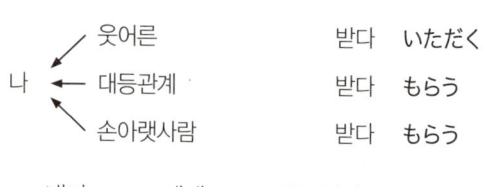

主語 나

나 ┌ 웃어른   받다   いただく
  ├ 대등관계   받다   もらう
  └ 손아랫사람   받다   もらう

▶ 내가 _____에게 _____를 받다